应用型人才培养的创新策略研究

姚 琳 著

吉林文史出版社

图书在版编目（CIP）数据

应用型人才培养的创新策略研究 / 姚琳著. — 长春：
吉林文史出版社，2024.7. — ISBN 978-7-5752-0317-3

Ⅰ. G649.2

中国国家版本馆 CIP 数据核字第 2024VW7549 号

应用型人才培养的创新策略研究

YINGYONGXING RENCAI PEIYANG DE CHUANGXIN CELÜE YANJIU

出 版 人　张　强
著　　者　姚　琳
责任编辑　李　鹰
出版发行　吉林文史出版社
地　　址　长春市福祉大路 5788 号
邮　　编　130117
电　　话　0431-81629364
印　　刷　武汉鑫佳捷印务有限公司
开　　本　710mm×1000mm　　1/16
印　　张　11.625
字　　数　200 千字
版　　次　2024 年 7 月第 1 版
印　　次　2024 年 7 月第 1 次印刷
书　　号　ISBN 978-7-5752-0317-3
定　　价　68.00 元

前 言

在当今社会，人才是推动社会发展和创新的关键因素。随着经济的快速发展和科技的不断进步，对高素质、应用型人才的需求日益增长。应用型人才不仅需要具备扎实的专业知识和技能，更需要具备创新意识、实践能力和团队合作精神，能够适应快速变化的社会和市场需求。

本书以应用型人才培养为中心，围绕创新策略展开研究，旨在为高等教育教学改革提供理论指导和实践参考。首先，本书介绍了应用型人才的概念、特征以及其在社会和教育中的重要性。明确了应用型人才培养的目标和任务，阐述了应用型人才应具备的基本素质和能力，为后续研究奠定了基础。其次，本书重点研究了创新策略在应用型人才培养中的地位和作用。通过对创新策略的定义、特点以及与应用型人才培养的关系进行分析，探讨了如何运用创新思维和方法改进人才培养模式，提高人才培养质量和效益。接着，本书对基于应用型人才培养课程体系与教学内容的创新进行了深入研究。通过设计和优化课程体系，更新和优化教学内容，实现了理论与实践相结合，培养学生的实践能力和创新精神。此外，本书还探讨了基于应用型人才培养教学方法的创新，包括教学方法与学生创新能力的关系、教学方法改革的趋势以及基于信息技术的教学方法创新实践，为提高教学效果和学生综合素质提供了重要参考。最后，本书对基于应用型人才培养师资队伍建设的创新和产学合作与实践环节的创新策略进行了探讨。通过优化师资队伍建设，加强产学合作，实现了教育资源的共享和优化配置，推动了人才培养模式的创新和升级。

总的来说，本书旨在探讨应用型人才培养的创新策略，通过对相关理论和实践进行研究和分析，为高等教育的教学改革和人才培养提供新思路和新方法。希望本书能为教育界和相关研究人员提供参考，推动我国高等教育事业的发展和进步。

目录

第一章 应用型人才培养的概述

第一节 应用型人才的定义与特征

一、定义解读：明确应用型人才的概念

（一）概念

应用型人才是指那些能够将所学的专业知识和技能应用于实际生产和生活中的人才。他们不仅具备扎实的专业知识和技能，还具有解决实际问题的能力，能够为社会经济发展和科技进步做出贡献。应用型人才在实践中能够灵活运用所学的理论知识，创新性地解决各种实际问题，为企业和社会带来实际的效益和价值。他们通常具有较强的动手能力和实践能力，能够在实际工作中迅速适应环境，胜任各种岗位的工作。

（二）内涵

1. 社会对人才的分类

从生产或工作活动的目的来看，现代社会的人才可分为学术型（理论型）、工程型、技术型和技能型四类。学术型人才主要从事科研和教育工作，其培养目标是培养学生掌握深厚的理论知识和研究方法，为科学研究和学科发展做出贡献。工程型人才主要从事工程设计和管理，其培养目标是培养学生掌握工程设计和管理的理论与实践技能，能够独立完成工程项目。技术型人才主要从事技术开发和应用，其培养目标是培养学生掌握一定的技术理论和实践技能，能够从事技术工作。技能型人才主要从事实际操作和技能传授，其培养目标是培养学生掌握一定的操作技能和技术知识，能够胜任实际工作。

2. 教育分类标准

根据联合国教科文组织 1997 年颁布的世界教育分类标准，高等职业教育主

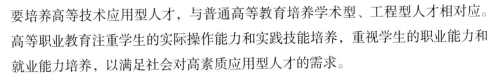

要培养高等技术应用型人才，与普通高等教育培养学术型、工程型人才相对应。高等职业教育注重学生的实际操作能力和实践技能培养，重视学生的职业能力和就业能力培养，以满足社会对高素质应用型人才的需求。

3.应用型人才的内涵

应用型人才是指能够将专业知识和技能应用于所从事的专业社会实践的一种专门人才类型。他们不仅要掌握扎实的专业知识和技能，还要具备创新能力、团队合作精神和实践能力。应用型人才主要从事一线生产的技术或专业工作，需要具备较强的动手能力和实践能力，能够灵活运用所学知识解决实际问题。他们还需要具备良好的沟通能力和组织能力，能够与他人合作共事，共同完成任务。应用型人才是现代社会发展的重要支撑力量，对于推动经济社会发展和提高国家综合竞争力具有重要意义。

二、特征分析：阐述应用型人才的特征

（一）独特性和适应性

1.独特性

在人才培养领域，特色不仅仅是指某个个体或实体的独特之处，更是其在特定领域或行业中所具备的专业知识和技能的集合体现。应用型人才的独特性主要表现在其在特定领域或行业所具备的专业知识和技能方面。与传统的学术型人才或职业技术型人才相比，应用型人才更加注重对实际工作的适应性和应用性。他们不仅要具备扎实的理论基础，还需要具备一定的实践经验和解决问题的能力。这种独特性使得应用型人才在实际工作中能够灵活运用所学的知识和技能，快速、准确地解决各种实际问题，为企业和社会带来实际的效益和价值。

应用型人才的独特性还体现在其个人素质和综合能力上。他们通常具有较强的创新能力和团队合作精神，能够在团队中发挥核心作用。与此同时，他们还具备较强的沟通能力和表达能力，能够与不同背景和领域的人进行有效的沟通和交流。这种独特性使得应用型人才在跨学科合作和项目实施中具备优势，能够为团队和组织创造更大的价值。

在高等教育中，培养应用型人才的独特性也体现在教育模式和教学方法上。与传统的教学模式相比，应用型人才的培养更加注重实践教学和项目实践，注重培养学生的动手能力和实际操作能力。这种教育模式不仅使学生能够更好地掌握

所学的知识和技能，还能够培养其解决实际问题的能力和创新思维。

2. 适应性

社会适应性是指个体在面对不同的社会环境和工作要求时，能够有效地调整自己的行为、态度和价值观，以达到适应环境的目的。应用型人才需要具备良好的社会适应性，主要体现在以下几个方面。首先，应用型人才需要具备较强的学习能力和适应能力。随着社会和科技的发展，各行各业都在不断变化和更新，对人才的要求也在不断提高。应用型人才需要不断学习新知识、掌握新技能，以适应社会的发展需求。其次，应用型人才需要具备较强的问题解决能力和创新能力。在实际工作中，会面临各种各样的问题和挑战，需要应用型人才具备独立思考、分析问题和解决问题的能力，能够提出新颖的解决方案。再次，应用型人才需要具备较强的沟通能力和团队合作精神。在工作中，往往需要与不同背景和领域的人进行沟通和合作，应用型人才需要具备良好的沟通能力和团队合作精神，能够有效地与他人合作，共同完成任务。最后，应用型人才需要具备较强的逆境应对能力和心理素质。在工作中，会遇到各种困难和挑战，需要应用型人才具备较强的逆境应对能力和心理素质，能够保持乐观、坚韧的心态，积极应对挑战。

（二）稳定性和实践性

1. 稳定性

应用型人才培养特色的稳定性是高校长期历史积淀的结果，是经过社会广泛认可的，具有相对的稳定性。这种稳定性不仅体现在高校教育理念和教学模式的连续性上，还表现在对应用型人才培养目标和需求的稳定把握上。首先，应用型人才培养特色的稳定性源于高校长期积淀的教育理念和办学经验。高校在长期的办学实践中积累了丰富的教育资源和人才培养经验，形成了独特的教育理念和办学特色。这种教育理念和办学特色在高校内部得到广泛认可和传承，成为高校办学的重要传统和文化，为高校培养应用型人才提供了坚实的理论和实践基础。其次，应用型人才培养特色的稳定性还表现在对社会需求的准确把握和持续关注上。高校在制定应用型人才培养方案时，通常会充分调研和分析社会对人才的需求，以确保培养出的人才能够符合社会的需求。这种对社会需求的准确把握和持续关注，使得高校培养的应用型人才具有较强的社会适应性和就业竞争力，得到了社会广泛认可和好评。

2. 实践性

应用型人才培养特色注重通过实践教学来培养学生的实际操作能力和解决问题的能力，采用"在做中学""在学中做"的育人模式，使学生能够在实践中不断提升自己的专业能力和实际应用能力。首先，实践教学是应用型人才培养特色的重要组成部分。高校通常会将理论教学与实践教学相结合，通过实验、实习、毕业设计等形式，使学生能够将所学的理论知识应用到实际工作中去。这种实践教学能够提升学生的实际操作能力和解决问题的能力，使其在毕业后能够迅速适应工作环境。其次，实践教学注重培养学生的创新能力和团队合作精神。在实践过程中，学生需要不断思考和探索，提出新颖的解决方案，并与团队成员合作共同完成任务。这种培养方式不仅能够提升学生的创新能力，还能够培养其团队合作精神和沟通能力，使其在团队合作中能够发挥重要作用。最后，实践教学能够使学生更好地理解和掌握所学的理论知识。通过实践，学生能够将抽象的理论知识转化为具体的操作实践，加深对知识的理解和记忆，提升学习效果。这种实践性的教学模式不仅使学生能够更好地应对实际工作中的挑战，还能够提升其就业竞争力，为社会做出更多更大的贡献。

（三）发展性和多样性

1. 发展性

随着时代的发展和社会需求的变化，高校的应用型人才培养特色也在不断丰富和发展，与时俱进。首先，随着科技的进步和产业结构的调整，社会对人才的需求也在发生变化。传统的应用型人才培养模式可能无法满足新时代的需求，高校需要不断调整教育教学内容和方式，培养更符合社会需求的人才。其次，国家和社会对高等教育的要求也在不断提高。高校需要适应国家和社会的发展需求，不断完善人才培养机制，提升教学质量，培养更多更优秀的应用型人才。最后，高校应用型人才培养特色的发展还需要与国际接轨。随着经济全球化的发展，国际间人才交流日益频繁，高校需要借鉴国际先进经验，不断提升自身的教育水平和人才培养质量，培养具有国际竞争力的应用型人才。

2. 多样性

随着社会经济的发展和科技的进步，人才的需求也日益多样化，不同行业和领域对人才的要求也有所不同。因此，应用型人才的培养追求个性化、特长化和多样化，旨在培养更加符合社会需求的人才，为社会发展提供更广阔的空间。首先，个性化培养是应用型人才培养的重要特征之一。个性化培养强调根据每个学生的特点和需求，制定个性化的培养方案，注重发挥每个学生的潜能和优势，培养出具有个性化特点的应用型人才。个性化培养不仅能够激发学生的学习兴趣和积极性，还能够培养出更具创新精神和实践能力的人才。其次，特长化培养是应用型人才培养的另一重要特征。特长化培养强调根据每个学生的特长和兴趣，开展特长培养和个性发展，培养出具有特长和优势的应用型人才。特长化培养不仅能够让学生在自己擅长的领域有所斩获，还能够为学生未来的发展打下良好的基础。最后，多样化培养是应用型人才培养的必然要求。多样化培养旨在培养具有多方面能力和知识的应用型人才，能够适应不同领域和行业的工作要求，为社会发展提供更广泛的人才支持。多样化培养不仅能够提升学生的综合素质，还能够培养出更具创新能力和竞争力的应用型人才。

第二节　应用型人才培养的重要性

一、社会需求：探讨社会对应用型人才的需求现状

（一）需求背景

随着社会经济的快速发展和科技进步，对应用型人才的需求日益增加。传统的理论型人才已经不能满足现代社会的复杂需求，因此社会更加需要具备实践能力和创新能力的应用型人才。应用型人才能够更好地适应社会发展的需要，为社会提供更多更好的服务。

第一，随着科技的进步和产业结构的调整，各行业对应用型人才的需求不断增加。传统的生产模式和经营方式正在发生深刻变革，新兴产业和新型经济形态不断涌现，这些都对人才提出了更高的要求。应用型人才具备实践能力和创新能力，能够更好地适应新技术、新产业的发展，为企业和社会创造更多的价值。

第二，社会对于解决实际问题的需求日益迫切，这就需要有实际操作能力和解决问题能力的应用型人才。在工程领域，需要懂得实际操作和工程设计的人才；在信息技术领域，需要掌握实际开发技能的人才；在金融服务领域，需要具备实际操作和风险控制能力的人才。这些领域对应用型人才的需求尤为迫切。

第三，随着服务业的快速发展，对于具备实际操作技能和良好服务意识的人

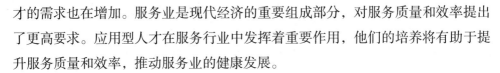

才的需求也在增加。服务业是现代经济的重要组成部分，对服务质量和效率提出了更高要求。应用型人才在服务行业中发挥着重要作用，他们的培养将有助于提升服务质量和效率，推动服务业的健康发展。

（二）行业需求

随着制造业的转型升级，传统的生产模式已经无法满足市场需求，需要具备实际操作能力和解决问题能力的人才来推动制造业的发展。制造业需要懂得生产流程和技术操作的工程技术人才，他们不仅需要掌握专业知识，还需要具备良好的团队合作能力和创新能力，以适应制造业发展的新要求。

在信息技术领域，对应用型人才的需求也在不断增加。随着信息技术的快速发展，传统的理论型人才已经不能满足信息技术行业的需求，需要具备实际开发技能的应用型人才来推动技术的进步和应用。信息技术领域需要掌握实际开发技能的人才，他们不仅需要具备扎实的计算机理论知识，还需要具备良好的问题解决能力和团队协作能力，以应对信息技术领域快速变化的需求。

在金融服务领域，对应用型人才的需求也在逐渐增加。金融服务是现代经济的重要组成部分，需要具备实际操作能力和解决问题能力的人才来推动金融服务的创新和发展。金融服务领域需要具备实际操作能力和解决问题能力的人才，他们不仅需要掌握金融理论知识，还需要具备良好的分析能力和沟通能力，以适应金融服务领域的需求变化。

在医疗健康领域，对应用型人才的需求也在不断增加。随着医疗技术的不断进步和医疗需求的不断增加，需要具备实际操作能力和解决问题能力的人才来推动医疗健康领域的发展。医疗健康领域需要具备实际操作能力和解决问题能力的人才，他们不仅需要掌握医学理论知识，还需要具备良好的医疗技能和沟通能力，以提高医疗服务质量和效率，满足人民群众对健康的需求。

（三）服务需求

随着人们生活水平的提高和消费观念的变化，服务质量和效率成为各类服务业的核心竞争力。因此，对于具有实际操作技能和良好服务意识的应用型人才的需求也在逐渐增加。

在酒店管理领域，对应用型人才的需求尤为迫切。随着旅游业的蓬勃发展，各类酒店的数量和规模不断增加，对服务质量和体验提出了更高要求。应用型人才在酒店管理中发挥着重要作用，他们具备实际操作能力和良好的服务意识，能够提升酒店的服务水平，提高客户满意度，增强酒店的竞争力。

除了酒店管理领域，其他服务行业如餐饮、零售、旅游等领域也对应用型人才有着日益增长的需求。在餐饮行业，需要具备实际操作技能和良好服务意识的厨师和服务人员，以提供高质量的餐饮服务。在零售行业，需要具备良好的商品知识和销售技巧的销售人员，以提供个性化的购物体验。在旅游行业，需要具备丰富的目的地知识和良好的导游技巧的导游，以提供丰富多彩的旅游体验。

二、教育价值：分析应用型人才培养的教育意义

（一）适应社会发展

1. 社会需求导向

高等教育应用型人才培养的核心是紧密结合社会需求，根据社会经济发展的需要培养具有实践能力和解决问题能力的人才。随着社会的不断发展和进步，各行各业对人才的需求也在不断变化和升级。应用型人才培养要以满足社会需求为导向，通过调整课程设置、改革教育教学模式等途径，培养适应社会需求的高素质人才。

2. 促进经济繁荣

应用型人才具备较强的实践能力和解决问题的能力，能够更快速地适应工作环境，推动相关产业和行业的发展，从而促进经济的繁荣。随着经济全球化的深入发展，各国经济之间的竞争也日益激烈，培养应用型人才成为各国高等教育的重要任务之一。应用型人才具有强烈的实践能力和解决问题的能力，能够更好地适应经济发展的需要，推动相关产业和行业的发展，为经济繁荣注入强劲动力。

3. 推动科技创新

应用型人才培养注重实践能力和创新意识的培养，有利于推动科技创新。科技创新是推动经济发展的重要驱动力，而应用型人才具备较强的实践能力和解决问题的能力，能够更好地将科技成果转化为生产力，推动科技进步与产业发展的融合。因此，培养应用型人才是推动科技创新、实现经济高质量发展的重要举措。

（二）提高就业竞争力

1. 实践能力受重视

应用型人才在就业市场上具有明显的优势。他们通过学习实践课程，接触实际工作场景，培养了扎实的实践能力和解决问题的能力。这使得他们能够更快速

地适应工作环境，更容易胜任各种工作任务。

2.适应多样化需求

随着社会经济的发展，对人才的需求也越来越多样化。传统的教育模式往往难以满足这种多样化的需求，而应用型人才培养注重培养学生的实践能力和适应能力，能够更好地适应不同行业和岗位的需求。他们具备跨学科的知识背景和综合能力，能够胜任各种类型的工作，因此在就业市场上更具竞争力。

3.提升就业机会

应用型人才的就业竞争力更强，更容易获得优质的工作机会。在人才竞争激烈的现代社会，具备实践能力和解决问题能力的人才更受企业青睐。他们能够更快速地适应工作环境，更好地胜任工作任务，因此更容易获得理想的工作岗位，实现个人价值和职业发展。

（三）促进个人发展

1.全面发展

应用型人才培养注重培养学生的实践能力和创新能力，有助于学生全面发展。传统的教育模式注重理论知识的传授，而应用型人才培养更加注重培养学生的实际操作能力和解决问题的能力。这种培养模式能够更好地激发学生的学习兴趣和创造力，提高他们的综合素质，使他们能够更好地适应社会的发展需求。

2.增强竞争力

应用型人才具备较强的实践能力和解决问题的能力，能够更好地适应社会的发展需求，增强个人竞争力。在现代社会，人才竞争日益激烈，传统的理论知识已经不能满足社会的需求。应用型人才具备扎实的实践能力和解决问题的能力，能够更好地应对各种挑战，更好地实现自身的价值。

3.拓展职业空间

应用型人才在职业发展中具有更广阔的空间，能够适应不同岗位的需求，实现个人职业目标和发展规划。传统的教育模式往往局限于传授理论知识，而应用型人才培养注重培养学生的实践能力和解决问题的能力，使他们具备了更强的适应能力和创新能力，能够更好地应对职业生涯中的各种挑战，拓展自己的职业发展空间。

第三节 应用型人才培养的理论基础

一、传统人才培养理论

（一）传统人才培养理念的形成和特点

1. 传统人才培养理论的历史渊源

传统人才培养理论的渊源可以追溯到古代社会的教育模式和文化传统。在古代，教育主要以经典著作的传授和背诵为主，重视对传统文化和经典知识的传承。这种教育模式源自古代社会对于道德伦理、文化传承的重视，以及对于个体修养和社会秩序的关注。在古代中国，儒家经典如《论语》《大学》《中庸》等被视为教育的重要内容，学生在老师的指导下，通过反复诵读和背诵，掌握其中的哲理和道理。这种传统教育模式强调对传统文化和经典知识的传承，认为只有通过对经典著作的学习，才能获得真正的智慧和道德修养。

随着社会的发展和变迁，古代的教育模式逐渐演变为以教师为中心的灌输式教学模式。在这种教育模式下，教师被视为知识的传授者和权威，学生则被视为被动接受者。教师通过讲述和解释，向学生灌输大量的知识，学生则被要求死记硬背和机械应用。这种教育模式将知识视为唯一的教育目标，忽视了学生的实际能力和创造力的培养。学生在这样的教育环境中，往往缺乏主动思考和独立探索的机会，而更多地沦为被动接受知识的对象。

传统教育模式的形成和传承，反映了古代社会对于教育的重视和对于知识传承的重要性的认知。然而，随着社会的进步和发展，这种传统教育模式的局限性也逐渐显露出来。在现代社会，人才需要具备更广泛的能力和素质，包括创新能力、实践能力、沟通能力等，而传统教育模式往往无法满足这些需求。

2. 传统人才培养理论的特点

传统人才培养理论主要特点包括：

（1）理论知识的传授

理论知识的传授是传统教育模式中的重要组成部分，其核心特点是强调对学生大量的理论知识的灌输，以书本知识为主要内容，通过讲授、笔记等方式进行传授。这种教学方法在过去长期被广泛应用，其基本理念是通过向学生灌输丰富的理论知识，使其能够掌握相关领域的基础概念、理论框架和核心内容。教师通常扮演着知识的传授者和解释者的角色，通过讲解教材内容、演示案例和指导学生做笔记等方式，将理论知识传授给学生。

在这种教学模式下，教师往往起着主导作用，他们负责决定课程内容和教学方法，并通过讲述和演示等方式向学生传授知识。而学生则扮演被动接受的角色，他们主要是通过听讲、做笔记等方式来接受和吸收知识。这种教学方法的优势在于可以帮助学生建立扎实的理论基础，有助于他们在学习过程中掌握相关领域的基本概念和理论体系。此外，这种教学方法还有助于提高学生的学习效率和成绩，通过系统的讲授和归纳总结，学生可以更加迅速地掌握所学知识，并在考试中取得较好的成绩。

（2）应试能力的培养

应试能力的培养是传统教育体系中的一个重要方面，其主要特点是侧重于培养学生的考试应试能力，重视学生对考试题目的熟悉程度和解题技巧，将应试成绩作为评价学生学习成果的唯一标准。在这种教育模式下，学生的学习目标往往是为了通过考试，取得好的成绩，而不是真正掌握和理解知识。

在这种教学模式下，教师往往以应试为导向，课堂教学内容往往紧密围绕着考试大纲和题目来展开。教师不仅会重点讲解考试可能涉及的知识点，还会针对性地进行解题技巧的讲解和演示。同时，学生也被要求花费大量的时间和精力来熟悉考试题型、练习解题技巧，以提高应对考试的能力。笔记、模拟考试、背诵等方式成为学生日常学习的主要内容，学生的学习焦点主要是为了在考试中取得好的成绩。

（3）教师主导的教学模式

教师主导的教学模式是传统教育中常见的一种形式，其核心特点是教师在课堂上扮演主导角色，而学生则处于被动接受知识的状态，缺乏主动学习和思考的机会。在这种教学模式下，教师往往是知识的传授者和解释者，他们决定了课程内容、教学方法和学习进度，并通过讲解、演示和示范等方式向学生传授知识。而学生则主要是通过听讲、做笔记等方式来接受和吸收知识，缺乏对学习过程的主动参与和探索。

教师主导的教学模式在一定程度上便于教学的组织和管理，可以确保课堂教学的有序进行，保证教学内容的完整性和系统性。教师的知识水平和经验丰富度能够有效地保证教学质量，避免学生在学习过程中走偏或产生误解。此外，教师主导的教学模式还能够提高学生的学习效率，通过系统地讲解和指导，学生可以更加迅速地掌握所学知识，提高学习成绩。

（二）传统人才培养理论的局限性与挑战

1. 传统人才培养理论忽视实践能力的培养

传统人才培养理论在强调理论知识传授的过程中，往往忽视了对学生实践能力的培养，这一局限性在现代职场中已经显露出了一系列的问题和挑战。虽然理论知识是建立在过去经验和研究基础上的，但在真实的工作环境中，实践能力的重要性不容忽视。

实践能力包括学生在实际工作和生活中应对问题、解决挑战的能力。然而，传统教育模式往往将课堂教学和理论知识传授作为主要教育方式，忽视了学生在实践中的学习和锻炼机会。举例来说，一位工程学专业的学生在课堂上学习了大量的理论知识，但缺乏实际操作的机会，导致他在实习或工作中无法正确运用所学知识，解决具体的工程问题。

此外，实践能力的培养还涉及学生的创新能力和解决问题的能力。在现代社会，工作岗位往往需要员工具备创新能力，能够面对未知的挑战，并提出新的解决方案。然而，传统教育模式注重的是对既定知识的传授和应试技巧的培养，往往限制了学生的创新思维和解决问题的能力。

因此，忽视实践能力的培养会导致学生在工作中无法胜任实际岗位。他们可能缺乏实际操作的经验，无法正确运用所学知识解决具体的问题，也缺乏创新能力，难以应对不断变化的工作环境。这给企业带来了人才供给的问题，也给学生自身的职业发展带来了挑战。

2. 传统人才培养理论制约学生创新能力的发展

传统人才培养理论在很大程度上限制了学生创新能力的发展，这一现象在当今知识经济和创新型社会的背景下显得尤为突出。传统教育模式以应试成绩作为评价学生学习成果的唯一标准，导致学生过分注重应试技巧和死记硬背，而忽视了他们的创新能力和独立思考能力的培养。

第一，传统的应试教育注重的是学生对于既定知识的掌握和应试技巧的运用，而不够注重学生的创新意识和创新能力的培养。学生在追求高分的过程中，往往会选择记忆性的学习方式，而忽视了思维的拓展和创新思维的培养。例如，在考试中，学生往往只需掌握教材中的知识点并灵活运用应试技巧，而不需要真正理解知识的本质和内涵，更不需要思考如何运用这些知识解决实际问题或提出新的观点。

第二，传统教育模式的评价体系往往以标准化的考试成绩为主要衡量标准，这种单一的评价方式容易忽视学生的多元化表现和创新能力的发展。学生在面对考试时，会被迫追求分数的提高，而对于思辨能力、创新意识等方面的培养则缺乏足够的重视。例如，有些学生可能在课堂上表现出色、富有创造性，但由于在标准化考试中未能得到高分，而被评价为学习不好的学生，这种评价体系容易打击学生的积极性和创新潜力。

第三，传统教育模式注重的是知识的传授和灌输，而忽视了学生的实践能力和实际应用能力的培养。这种情况下，学生缺乏实践操作和创新实践的机会，难以将理论知识与实际问题相结合，从而发展创新能力。例如，许多工科学生可能在理论课上学到了丰富的知识，但在实际工程项目中却缺乏解决问题的能力，因为他们缺乏实践经验和创新意识。

二、现代应用型人才培养理论

（一）现代应用型人才培养理论的基本概念与特点

现代应用型人才培养理论在当前社会经济和科技发展的背景下显得尤为重要，其核心概念和特点体现了人才培养的新方向和需求。

1. 应用型人才不是低层次人才

应用型人才并非低层次人才，这一观点可以从历史、现实和理论层面加以解释和论证。

（1）历史与现实情况

在长期的封建社会中，人们普遍持有"道，为之上；器，为之下"的人才观念，即理论性知识被视为高贵而实践性技能被视为低下。这种观念导致了技能技巧被贬低为"奇巧淫技"，而非理论学习被视为更高尚的追求。

我国现行的高等教育体系中，大学教育普遍偏重学术型人才的培养，而应用型人才往往由职业技术学校、高职院校等来进行培养。然而，这些应用型人才培养机构的社会声誉和地位往往较低，这反映了对应用型人才的一种认知偏差。

（2）应用型人才的重要性

事实上，应用型人才与理论型人才相比，并非层次的差异，而是类型的差异。应用型人才强调应用性知识、技术应用和专精实用，而理论型人才则注重理论性知识、科学研究和宽口径厚基础。在现代社会经济发展中，应用型人才所扮演的角色愈发重要。

今天，社会经济的发展更需要数以千万计的专门人才和高素质劳动者，而这些人才往往是应用型人才。应用型人才在生产实践中发挥着重要作用，许多创造最终效益的活动并非在实验室里完成，而是在生产实践中产生的。因此，技术水平和实践能力成为评判一个人才的重要标准。

（3）应用型人才的分层与重要性认识

虽然应用型人才与理论型人才并无层次之分，但在具体实践中，我们也可以将应用型人才进一步分为不同的层次。这些层次包括技能型、技术型和工程型等，每一种层次都是社会生产链条上不可或缺的一环，对于社会经济发展具有独特的作用。

2. 培养应用型人才的教育不是低层次教育

在当前教育领域的探讨中，关于培养应用型人才的教育与其地位的讨论引起了广泛的关注。有人认为，应用型人才的培养并非低层次教育，而是一种具有重要意义的教育模式。大学作为高等教育的主要阵地，承担着培养人才、科学研究和社会服务等多重职能。根据其承担的职能不同，大学可以被划分为教学型、教学研究型和研究型等不同类型。教学型大学可将理论型人才或应用型人才作为培养目标，而研究型大学则更侧重于培养理论型人才。然而，教学型大学亦可培养应用型人才，而研究型大学也并非不可培养应用型人才。

在此背景下，以培养应用型人才为主的教育并非次要或低层次的教育形式。事实上，无论是理论型还是应用型的教育，都有可能成为一流的教育。教育的品质并不仅仅取决于其目标的定位，而更重要的是教育实践中的有效性和创新性。以应用为主导的教育同样可以在国际上取得突出的成就。

在我国，虽然一些专科院校设有大量理论型的学科专业，但其水平往往无法达到国际一流水准。相反，一些重点本科院校的应用性专业，如工学、农学和医学等，却具备了较高的教育水平和社会影响力。例如，中国的某些工科院校在应用型人才培养方面取得了显著成就，其学生在工程实践和技术创新方面表现突出，为国家的科技进步和产业发展做出了重要贡献。

因此，应用型人才的培养不应被简单地视为低层次的教育。其重要性和价值在于能够有效地满足社会对具有实践能力、创新能力和适应能力的人才的需求。教育应该以学生的综合素质提升和社会需求为导向，不拘泥于理论与应用的界限，而是积极探索二者的有机结合，以促进人才的全面发展和社会的持续进步。

3. 应用型人才分类

第一，技能型人才在社会生产中扮演着重要角色。他们主要依靠熟练的操作技能，能够具体完成产品的制作。这些人才在生产现场承担着直接的操作任务，将理论和设计方案转化为实际的产品。例如，在工业制造领域，熟练的工人能够通过精湛的技艺将原材料加工成高质量的产品。虽然他们可能缺乏深入的理论知识，但他们的技能对于保证产品质量和生产效率至关重要。

第二，技术型人才在产品开发、生产管理和经营决策等领域发挥着关键作用。他们不仅具备扎实的理论知识，还能够将设计方案转化为实际的产品。技术型人才通常担任工程师、技术人员或生产管理人员等职位，在生产过程中负责监督和管理。以汽车制造业为例，技术型人才负责设计和改进汽车零部件，并确保生产线的高效运转。

第三，工程型人才，他们具备深厚的理论功底和专业知识，能够将科学原理转化为设计方案或工程图纸。工程师、设计师和项目经理等职业属于这一类别。他们负责制定复杂的工程方案，监督工程实施过程，并确保项目的顺利完成。例如，在建筑领域，工程型人才承担着设计和规划建筑项目的重任，他们需要兼具理论知识和实践经验，以确保建筑工程的质量和安全。

总的来说，每一种应用型人才都是社会生产链条上不可或缺的一环，对于社会经济发展具有独特的作用。在教育领域，应该根据不同层次的需求，有针对性地进行人才培养。专科学校、本科院校和研究型大学等教育机构应该制定相应的教育目标和培养方案，以满足社会对不同应用型人才的需求。

（二）现代应用型人才培养理论的理论来源和演变

1. 理论来源的多元性

（1）教育学的贡献

在现代应用型人才培养理论的形成过程中，教育学领域的理论成果起到了重要作用。教育学家们通过对教育本质、教育目标和教育方法的探讨，为应用型人才培养提供了理论基础。例如，约翰·杜威提出的"体验主义教育理论"强调学生的实践经验在教学中的重要性，为后来以实践为基础的应用型人才培养模式提供了理论支持。同时，杜威还强调了学生参与问题解决过程的重要性，这对于后来以问题为导向的培养模式也产生了深远影响。

（2）心理学的启示

心理学作为一门关注人类行为和思维过程的学科，为应用型人才培养理论的形成提供了重要启示。行为主义学派的代表人物巴甫洛夫的条件反射理论以及斯金纳的操作性条件反射理论，强调了环境对个体行为的塑造作用，为培养实践技能的重要性提供了理论支持。而认知心理学的兴起则进一步强调了个体的思维过程对学习和问题解决的影响，为培养学生解决问题的能力提供了理论指导。

（3）管理学的理论贡献

管理学作为关注组织运作和人员管理的学科，也为现代应用型人才培养理论的形成提供了重要理论支持。例如，管理学中的项目管理理论强调了在实践活动中以项目为单位进行学习和实践的重要性，为以实践为基础的应用型人才培养提供了新的思路。此外，管理学中的团队建设理论也为培养学生团队合作能力和组织协调能力提供了理论支持。

2. 理论的演变与发展

（1）学生为中心的理论转向

随着教育理论的不断发展，应用型人才培养理论逐渐转向以学生为中心的模式。传统的教学模式强调教师的教学活动，而现代的应用型人才培养理论更加关注学生的个性化需求和学习风格。这种转变反映了对学生主体地位的重视，强调了培养学生自主学习和创新能力的重要性。

（2）以问题为导向的教学模式的兴起

受到约翰·杜威等教育学家思想的影响，现代应用型人才培养理论逐渐转向以问题为导向的教学模式。这种教学模式强调将教学活动与实际问题相结合，通过解决问题来促进学生的学习和发展。以问题为导向的教学模式可以激发学生的学习兴趣和解决问题的能力，使他们在实践活动中获得更加丰富的经验和技能。

（3）实践为基础的培养模式的强调

随着社会对应用型人才需求的不断增加，现代应用型人才培养理论强调将实践作为培养的基础。实践活动可以帮助学生将所学理论知识应用到实际问题中去，并通过实践活动来提高解决问题的能力和创新能力。因此，现代应用型人才培养理论倡导将实践活动融入教学过程中,通过实践性的学习来促进学生的全面发展。

现代应用型人才培养理论的形成与发展是多学科理论的综合运用和不断演变的结果。教育学、心理学和管理学等多个学科为现代应用型人才培养理论提供了理论支撑,其中以学生为中心、以问题为导向、以实践为基础的培养模式逐渐成为主流。随着社会对应用型人才需求的不断增加,现代应用型人才培养理论仍在不断发展和完善,以适应社会经济发展的需要。

(三)应用型人才培养定位的依据

人才培养目标定位,涉及社会人才需求情况、学校实际办学条件和生源素质等方面,即社会需要什么样的人才,学校现有条件能否培养出这样的人才,在学生原有的基础上经过学校培养后能否达到预期培养目标的规格要求。

1.着眼于人才需求的多样化

学校生存与发展的基础在于能培养出适应社会发展需要的人才。为培养"销售对路"的人才,增强教育的适应性,学校要进行人才需求的调研与预测,包括预测社会对高等教育的需求,预测社会对专业规格的要求,以此作为人才培养目标定位的依据。社会经济发展不仅需要一定的研究型人才、学术型人才,更需要大量的从事实际工作的应用型人才;不仅需要大量的技能型应用人才,还需要一大批具有创造性的高层次应用人才。随着科学技术更新周期的大幅缩短,生产技术也日益由单一的经验技术、在生产现场和生产过程中就能学习、掌握的技术为主转向以综合的理论技术为主,生产过程对劳动者素质的要求逐步提高,劳动者必须在一定的专业理论知识的基础上才能学习、掌握生产技能和生产要求。科学技术和生产技术的新变化要求我们在培养大量的技能型应用人才的同时,急需培养大量的有理论有技术的高素质应用型人才。此类人才的缺乏,使我国大量的科学研究成果大多处于理论层面,难以转化为现实生产力,制约了我国经济发展和产业结构的调整升级。因此,新建本科院校应认清应用型人才素质结构的新变化,合理确定人才培养的目标、规格,明确人才的知识、能力、素质结构。

2.着眼于学校实际

在人才需求多规格的情况下,新建本科院校选取什么样规格的人才作为自己的培养目标呢?这还要着眼于学校实际办学条件。新建本科院校大多由一些高职、高专院校重组、合并、升格而来,不仅办本科教育的历史较短,而且在学科建设、师资力量、管理模式、教学水平、办学传统等各方面也难以培养出高水平的理论型人才。相反，新建本科院校在应用人才培养上积累了一定的经验，培养面向生产、建设、管理、服务第一线的高素质应用型人才，不仅适应我国未来社会经济发展的内在要求，也是尊重学校客观实际的明智选择，更是发挥学校培养应用型人才的办学传统和自身优势的必由之路。

3．着眼于生源实际

培养目标的合理定位，还要考虑受教对象的知识储备、能力基础和个性特征，以此增强教育的针对性。现代多元智力理论认为，人的智力是多元的，语言能力与逻辑思维能力只是其中的一部分，智力还包括音乐——节奏智力、视觉——空间智力、身体——动觉智力、交往——交流智力等，个体的差别不在于有没有某种智力，而主要在于不同智力因素在不同个体中组合的方式与比例。不存在谁更聪明，只存在谁在哪个方面聪明、怎样聪明的问题。每个学生都是独特的，同时，每个人都可以是出色的。因此，因材施教对新建本科院校来说有着特定的意义，那就是扬长避短，因势利导，把这些在解决实际问题能力、社会交往能力、艺术想象力等方面存在着优势的学生培养成各类应用型人才，使他们在解决现实生活中的实际问题上、在生产或创造出社会需要的产品上比学科型、理论型人才更出色、更有成效。这既是人力资源开发中以人为本的体现，也是高等教育大众化的内在意蕴。

三、创新理论与应用型人才培养

（一）创新理论的相关概念

1．创新的基本概念和内涵

（1）创新的定义

创新是一种跨越领域的复杂过程，其内涵涵盖了经济、社会、科技等多个领域。在广义上，创新是指引入新思想、新方法、新技术等，以创造新的价值和效益的过程。这种过程不仅包括了新产品、新技术的开发，更涵盖了组织形式、管理方法、市场模式等方面的变革。创新可以是渐进的，例如通过对现有产品进行改进和优化，不断提升其性能和功能；也可以是突破性的，例如通过引入全新的技术或理念，彻底改变了某一领域的现有格局。然而，无论是渐进的还是突破性的创新，其本质都是改变现状、引入新元素以求得更好的结果。创新不仅推动了经济的发展和社会的进步，也成了应用型人才培养中必须重视和培养的能力之一。

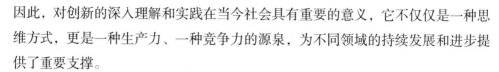

因此，对创新的深入理解和实践在当今社会具有重要的意义，它不仅仅是一种思维方式，更是一种生产力、一种竞争力的源泉，为不同领域的持续发展和进步提供了重要支撑。

（2）创新的内涵

创新的内涵涵盖了技术、产品、管理和市场等多个方面，是一种跨领域的复杂过程。技术创新是创新的重要组成部分之一，指的是通过引入新的技术或改进现有技术，来提高产品的品质、效率和竞争力。技术创新不仅涉及科学技术的研发和应用，还包括了技术的转化和推广，以及技术与产业、社会的融合。产品创新是指在产品的功能、设计、材料等方面进行改进和创新，以满足消费者日益增长的需求。产品创新不仅仅是产品的外观或功能的改变，更涉及产品的全生命周期管理，包括产品的设计、生产、销售和服务等方面。管理创新是组织管理领域的一种创新活动，指的是在组织结构、管理制度、人力资源管理等方面进行改革和创新，以提高组织的效率和竞争力。管理创新不仅可以提高组织的运行效率，还可以激发员工的创造力和潜力，促进组织的持续发展。市场创新是指在市场营销、渠道管理、品牌推广等方面进行创新，以拓展市场份额和提升品牌价值。市场创新不仅包括了产品的营销策略和渠道分销，还包括了市场的定位、品牌的塑造和营销活动的创新等方面。

2. 创新在现代社会发展中的重要性

（1）推动经济增长和提高竞争力

创新作为现代社会发展的重要动力之一，在推动经济增长和提高国家竞争力方面发挥着至关重要的作用。通过持续不断地引入新技术、新产品和新服务，创新能够有效地促进经济的发展。首先，创新能够提高生产效率。引入新技术和工艺可以使生产过程更加高效、智能化，降低生产成本，提高生产效率。这不仅有助于企业降低生产成本，提高产品质量，还可以增加企业的盈利能力，促进企业持续健康发展。其次，创新有助于拓展市场。新产品和新服务的推出可以满足消费者不断增长的需求，打开新的市场空间，拓展产品销售渠道，促进市场的繁荣与扩大。同时，创新还可以提升企业的竞争力。在全球化竞争激烈的市场环境下，不断创新可以使企业在市场上占据先机，获得更多的市场份额，提高企业在行业中的地位和竞争力。此外，创新还能够推动产业结构的升级和优化。通过技术创新和产业升级，优化产业结构，推动经济结构的转型升级，实现经济增长的质量和效益的提升。

（2）满足人们日益增长的需求

随着社会的不断发展和人们生活水平的提高，人们对产品和服务的需求也日益呈现多样化和个性化的趋势。这种多样化和个性化的需求，既源于人们对生活品质的追求，也反映了社会发展带来的多元化需求。在这样的背景下，创新成为满足人们日益增长需求的重要方式和手段。首先，创新能够提供更丰富多样的产品和服务。通过不断引入新的技术、新的设计理念和新的服务模式，创新可以使产品更加符合消费者的个性化需求，提供更多元化的选择，从而满足不同人群的需求。其次，创新可以提升产品和服务的质量和体验。随着科技的不断进步和社会的不断发展，人们对产品和服务的品质和体验要求也越来越高。创新可以通过提高产品的技术含量、改进产品的设计和提升服务的水平，从而提升产品和服务的质量和体验，满足消费者对高品质生活的追求。此外，创新还可以提高产品和服务的普及程度和便利性。通过创新，可以使产品和服务更加普及和便利，让更多的人受益于创新带来的便利和改变，进而推动整个社会的发展和进步。

（3）提高资源利用效率和环境可持续性

创新在提高资源利用效率和促进环境可持续性方面发挥着关键作用。通过技术创新和管理创新，可以有效地降低资源的浪费和污染，实现资源的高效利用和环境的保护。首先，技术创新为资源利用效率提升提供了技术支撑。通过引入新的生产工艺、节能技术和清洁生产技术，可以降低生产过程中的能耗和物耗，减少资源的浪费。例如，采用先进的制造技术和智能化生产设备可以提高生产效率，减少能源消耗和原材料使用量。其次，管理创新在资源利用方面发挥着重要作用。通过优化生产流程、改进供应链管理和加强生产计划与调度，可以有效地降低生产过程中的资源浪费。管理创新还可以促进企业建立和实施环境管理体系，规范企业生产活动，减少污染排放，保护生态环境。此外，创新也可以推动资源的循环利用和再生利用。通过开发和应用新的资源回收和再利用技术，可以实现废弃物的资源化利用，减少对原生资源的依赖，提高资源利用效率。

3. 创新与应用型人才培养的关系

（1）培养创新意识和能力

①创新意识的培养

在应用型人才的培养过程中，学校应该注重培养学生的创新意识，使其能够从日常生活、学习和工作中发现问题、认识问题、并主动寻求解决问题的途径。通过创新意识的培养，学生能够更加敏锐地捕捉到市场变化和需求，为创新提供了思想上的支撑。

②创新能力的培养

创新能力包括问题发现与解决能力、创意思维能力、团队合作能力等。学校可以通过项目实践、实习实训等方式，为学生提供锻炼创新能力的机会，让他们在实践中学会独立思考、勇于尝试，培养解决问题的能力。

（2）提高竞争力和适应能力

①提高就业竞争力

具备创新能力的应用型人才更受企业青睐。在应用型人才的培养过程中，学校应该注重培养学生的创新能力，提升其就业竞争力。创新能力是衡量一个应用型人才综合素质的重要标志之一，拥有创新能力的人才更容易在激烈的就业市场中脱颖而出。

②增强适应能力

创新能力也是应对不断变化的社会和职场环境的重要保障。具备创新能力的应用型人才更具有适应新环境、应对新挑战的能力。他们能够灵活应对各种复杂情况，勇于创新、善于变通，更具备适应性和应变性。

（3）实现未来的发展和挑战

①推动产业升级

应用型人才的创新能力不仅是个人发展的关键，也是推动产业升级和经济发展的重要动力。创新能力强的应用型人才能够推动企业引进新技术、开发新产品，推动产业向高端、智能化方向发展，提高产业的竞争力和核心竞争力。

②促进社会进步

创新能力的培养不仅有助于个人的发展，也能够推动整个社会的进步。应用型人才的创新能力可以促进社会资源的合理利用，推动社会治理的现代化，促进社会经济的可持续发展。

（一）创新理论在应用型人才培养中的应用

1.创新理论的教育价值和意义

（1）创新理论的理论支撑

创新理论的重要性在于其作为现代教育体系的理论支撑，为应用型人才培养提供了深厚的基础和指导思想。这一理论不仅在教育领域，也贯穿于经济、科技和社会各个方面，成为推动社会进步和发展的重要动力之一。

第一，创新理论强调了创新的重要性和必要性。随着社会的不断发展和科技的迅速进步，传统的教育方式已经无法满足社会对于人才的需求。创新理论的出现填补了这一空白，强调了在不断变化的社会环境中，培养学生具备创新意识和创新能力的重要性。例如，斯坦福大学的创新教育项目，通过跨学科的课程设计和实践项目，培养学生的创新思维和解决问题的能力，取得了显著的成效。这些实践案例表明，创新理论的引入为学生提供了更广阔的发展空间，使其能够在竞争激烈的社会中脱颖而出。

第二，创新理论指导着学校在教育教学中注重培养学生的创新意识和创新能力。教育的本质在于培养学生的综合素质，而创新能力作为其中重要的一环，受到了越来越多的重视。学校应该通过课程设置、教学方法和实践活动，培养学生的创新意识和创新能力，使其具备发现问题、解决问题和创造价值的能力。

第三，创新理论为教育体系的改革和发展提供了重要思路。随着社会的不断变革和经济的快速发展，教育也需要与时俱进，不断进行创新和改革。创新理论提倡以学生为中心、以问题为导向、以实践为基础的培养模式，这种教育理念为教育体系的改革提供了有力支撑。

（2）激发学生的创造力和创新潜能

创新理论在教育中的关键作用之一是激发学生的创造力和创新潜能。这种激发不仅仅是为了培养学生成为创新型人才，更是为了让他们在日常生活和工作中能够以更积极的态度面对问题，并且能够通过自主思考和创新解决这些问题。

第一，教育环境的营造至关重要。一个积极、开放、鼓励创新的教育环境是激发学生创造力的前提条件。学校应该提供多样化的学习资源和活动，鼓励学生参与到各种实践项目和创新竞赛中去。

第二，教学内容和方法的创新是激发学生创造力的关键。传统的教学方法往往以灌输式教学为主，缺乏启发性和互动性，难以激发学生的主动性和创造力。因此，教师应该采用多样化的教学方法，如案例教学、问题导向式学习、项目驱动的教学等，鼓励学生自主探索和实践。例如，清华大学在课程设置和教学方法上进行了创新，推行了以项目为核心的综合实践课程，激发了学生的创新思维和实践能力。

第三，教师的角色也至关重要。教师应该不仅仅是知识的传授者，更应该是学生的引导者和激励者。他们应该关注学生的个性发展和创新潜能，及时给予肯定和鼓励，引导他们自主学习和自主探索。

第四，学校应该注重培养学生的团队合作精神和创新意识。创新往往是团队协作的产物，而不是个人的孤立行为。因此，学校应该通过课程设置和实践活动，培养学生的团队合作意识和能力，鼓励他们在团队中发挥自己的创新能力。

2. 创新理论在课程设计中的应用

（1）设计具有启发性和挑战性的课程内容和教学方法

在设计具有启发性和挑战性的课程内容和教学方法时，教师需要充分考虑学生的学习需求和能力水平，以及课程目标和学科特点。通过引入创新理论，可以设计出既能够激发学生学习兴趣又能够提高其学习动力的课程内容和教学方法。

第一，设计开放性的问题和案例。开放性的问题和案例能够激发学生的好奇心和求知欲，引导他们自主学习和探索。例如，在社会学课程中，可以设计一个关于社会变迁和文化冲突的案例，让学生自主分析并提出解决方案，从而培养其独立思考和解决问题的能力。

第二，采用探究式学习和项目驱动的教学模式。探究式学习和项目驱动的教学模式能够使学生在实践中学习，培养其团队合作和创新能力。例如，在生物学课程中，可以组织学生开展一个实验项目，让他们从设计实验方案到收集数据再到分析结果，全程参与并探究生物学知识，从而提高其学科理解和实践能力。

第三，注重跨学科的教学方法。跨学科的教学方法能够帮助学生从不同的视角理解问题，并提出创新的解决方案。例如，在环境科学课程中，可以邀请化学、地理、政治等多个学科的专家共同探讨环境问题，通过多方面的分析和讨论，激发学生的创新思维和实践能力。

第四，引入信息技术和互动教学手段。利用信息技术和互动教学手段，可以丰富课堂内容，提高学生的学习效率和参与度。例如，可以利用虚拟实验室、在线讨论平台等资源，让学生在虚拟环境中进行实践探究，与同学和老师进行交流和互动，从而增强其学习体验和创新能力。

第五，重视实践性教学和问题导向的学习。通过实践性教学和问题导向的学习，学生可以将理论知识应用到实际中，从而加深对知识的理解和掌握。例如，在经济学课程中，可以组织学生参与一个经济模拟比赛，让他们在模拟市场中运用经济学理论解决实际问题，从而培养其实践能力和创新思维。

（2）采用项目驱动的教学模式

项目驱动的教学模式是一种基于实践性学习的教学方法，它将学生置于解决真实或仿真问题的情境中，通过参与项目来获取知识和技能。这种教学模式注重学生的主动参与和实践能力的培养，有助于激发学生的学习兴趣和动力，培养其团队合作和创新能力。

第一，采用项目驱动的教学模式可以提高学生的实践能力。通过参与项目，学生不仅能够学习到理论知识，还可以将这些知识应用到实践中，从而加深对知识的理解和掌握。例如，在工程设计项目中，学生需要运用所学的工程知识和技能，设计并制作出符合要求的产品，这种实践性学习可以有效地提高学生的实践能力。

第二，项目驱动的教学模式有利于培养学生的团队合作能力。在项目中，学生通常需要组成小组或团队合作完成任务，这要求他们具备良好的沟通能力、协作能力和团队精神。通过与同学共同协作、交流和合作，学生可以学会有效地与他人合作，从而培养团队合作的能力。

第三，采用项目驱动的教学模式还可以促进学生的创新能力。在项目中，学生需要解决实际问题或面临挑战，这要求他们能够灵活运用所学知识，提出创新性的解决方案。通过参与项目，学生可以培养自己的创新思维和创造力，从而提高其创新能力。例如，一个商科课程可以采用项目驱动的教学模式，让学生分成小组，每个小组负责制定一个市场营销方案。在这个项目中，学生需要进行市场调研、竞争分析、产品定位等工作，并提出创新的营销策略。通过这样的项目，学生不仅可以学习到市场营销的理论知识，还可以锻炼团队合作和创新能力。

3. 创新理论在教学实践中的应用

（1）采用创新教学方法和手段

在教学实践中，采用创新教学方法和手段是激发学生创新潜能的有效途径。这些方法和手段旨在打破传统的教学模式，激发学生的学习兴趣和动力，培养其解决问题和创新的能力。以下将就案例教学、问题导向式学习以及创新性实践活动等方面进行深入探讨，并提供相关实例加深分析。

第一，案例教学是一种常用的创新教学方法，它通过引入真实或虚拟的案例，让学生在解决实际问题的情境中学习和思考。通过分析案例，学生可以了解到真实世界中的复杂情境，并从中获取知识和经验。例如，在商科领域的教学中，可以引入经典的商业案例，让学生分析并提出解决方案。这样的案例教学能够激发学生的学习兴趣，培养其分析问题和解决问题的能力。

第二，问题导向式学习是一种以问题为导向的教学方法，它强调学生在学习过程中通过探究和解决问题来获取知识。教师提出具有挑战性和启发性的问题，激发学生的思维和探索欲望，引导他们主动学习和积极思考。例如，在科学课堂上，教师可以提出一个复杂的科学问题，让学生利用所学知识和实验方法来解决。这样的问题导向式学习可以培养学生的独立思考和问题解决能力，激发其创新潜能。

第三，创新性实践活动也是培养学生创新能力的重要途径。这些活动通常包括科研项目、创业比赛、创新设计等，让学生在实践中锻炼创新能力和实践经验。例如，学校可以组织学生参与科研项目，让他们深入实验室或实地进行科学研究，解决实际问题。此外，学校还可以举办创业比赛，鼓励学生提出创新的商业模式或产品设计，培养其创业精神和创新能力。通过这些创新性实践活动，学生可以将所学理论知识应用到实践中，培养自己的创新思维和实践能力。

（2）引导学生进行创新性实践活动

引导学生进行创新性实践活动是培养其实践能力和创新能力的重要途径，也是创新理论在教育实践中的具体应用之一。学校可以通过多种方式组织和引导学生参与创新性实践项目，从而培养其创新意识和创新能力。以下将就如何引导学生进行创新性实践活动展开讨论，并提供相关实例加深分析。

第一，学校可以设立创新创业实践项目，为学生提供参与创新实践的机会。这些项目可以涵盖各个领域，如科技创新、商业创新、社会创新等，让学生选择符合自身兴趣和专业方向的项目参与。例如，学校可以与企业合作，设立创业孵化器，为有创业梦想的学生提供创业培训和创业支持，帮助他们将创意转化为实际的商业项目。通过参与创新创业实践项目，学生可以锻炼实践能力，了解市场需求，培养创新精神和创业意识。

第二，学校可以组织创新性科研项目，引导学生深入科学研究和实验实践。科研项目可以涉及基础科学研究、应用技术研发等不同领域，让学生在导师指导下开展独立或合作的科研工作。例如，学校可以设立科研基地或实验室，为学生提供科研设备和资源，让他们参与国家级或校级科研项目的开展。通过参与科研项目，学生可以学习科学方法和研究技巧，培养解决问题和创新的能力。

第三，学校还可以组织创新设计竞赛或创意大赛，激发学生的创新潜能和创造力。这些比赛可以涵盖产品设计、工程设计、艺术设计等多个领域，让学生充分展示自己的创意和设计才华。例如，学校可以组织创新设计竞赛，让学生以小组形式设计创新产品或解决实际问题，评选出最具创新性和实用性的作品。通过参与设计竞赛，学生可以锻炼团队合作和创新能力，提高设计和解决问题的能力。

4. 创新理论在评价体系中的应用

（1）充分考虑学生的创新表现和成果

在评价体系中充分考虑学生的创新表现和成果是培养应用型人才的关键一环。传统的考试和论文评价虽然可以反映学生的学习成绩和理论掌握程度，但并不能全面衡量学生的创新能力和实践水平。因此，引入多样化的评价方式和指标，注重学生的创新能力和实践成果至关重要。

一种有效的评价方式是通过作品展示来评估学生的创新表现。学生可以以个人或团队的形式展示他们的创新作品，如设计方案、研究报告、艺术作品等。这些作品不仅可以体现学生的创新思维和创造力，还能够直观地展示他们的实践能力和成果。例如，学生可以通过设计展示会、科技创新展览等平台，向老师和同学展示他们的项目成果，接受评委和观众的评价和反馈。

另一种评价方式是通过项目报告来评估学生的创新能力和实践水平。学生在完成创新项目后，可以撰写详细的项目报告，介绍项目的背景、目的、方法、成果等内容。这些报告不仅可以反映学生对问题的分析和解决能力，还可以展示他们的沟通表达能力和团队合作精神。例如，学校可以组织学生进行项目报告的演讲或展示，让学生向老师和同学分享他们的项目经验和心得，从中获取评价和建议。

此外，创新竞赛也是评价学生创新能力和实践成果的重要方式之一。学校可以举办各类创新竞赛，如科技创新竞赛、创业计划竞赛、设计比赛等，让学生以竞赛的形式展示他们的创新成果和实践能力。这些竞赛不仅可以激发学生的竞争意识和创新潜能，还可以为学生提供展示才华的舞台。例如，学生可以参加科技创新竞赛，展示他们的研究成果和创新项目，与其他同学进行交流和比较，从中获得评委和观众的认可和肯定。

（2）建立激励机制，激发学生的创新潜能

建立激励机制是激发学生创新潜能的重要途径之一，通过奖励和荣誉来鼓励学生积极参与创新活动，并促进其创新意识和能力的培养。下面将分别探讨创新奖学金、创新项目资助等激励机制，并结合实例加深分析。

其一，创新奖学金是一种常见的激励机制，通过设立创新奖学金，学校可以对在创新活动中表现突出的学生进行奖励，激励更多学生积极参与创新实践。例如，学校可以设立"优秀创新奖学金"，每学年评选一定数量的优秀创新奖学金，用以奖励在科研项目、创业比赛等方面表现突出的学生。这种奖学金不仅可以提供经济支持，还可以为学生的学术和职业发展提供重要的荣誉认可，进一步激发其创新潜能。

其二，创新项目资助是另一种重要的激励机制，通过向学生提供项目资金支持，鼓励他们开展创新性实践活动，促进其创新能力的培养和实践经验的积累。例如,学校可以设立创新项目资助计划,向学生提供资金支持,用以开展科研项目、创业创新等活动。这种资助不仅可以帮助学生解决实际的资金需求，还可以为他们提供更多的资源和机会，促进项目的顺利实施和成果的取得。例如，某大学设立了"创新创业基金"，每年拨出一定金额的资金，用以资助学生的创新创业项目。学生可以通过申请该基金，获得资金支持，开展自己的创新实践活动，获得实际的经验和成果。

除了以上提到的奖学金和项目资助，学校还可以通过其他方式建立激励机制，如提供荣誉证书、举办荣誉颁奖典礼等，为学生的创新活动提供更多的认可和支持。例如，学校可以设立"优秀创新学生"荣誉称号，每年评选一批表现突出的学生，并为其颁发荣誉证书，举行颁奖典礼，表彰他们在创新实践中的优秀表现。这种荣誉称号不仅可以激励学生更加努力地参与创新活动，还可以提高学校的品牌影响力和社会声誉。

第二章 创新策略在应用型人才培养中的地位与作用

第一节 创新策略的定义与特点

一、创新策略的定义

（一）创新策略的概念

创新策略作为组织或个体应对市场竞争和技术变革的重要手段，其本质在于引领发展、适应变化、实现长期竞争优势。这一概念不仅具有广泛的实践意义，更是学术界和商业界长期关注和研究的焦点之一。

创新策略的核心在于其包含了一系列具体的行动计划和方法，这些计划和方法旨在促进新思想、新技术和新产品的研发与应用。举例而言，一家科技公司制定了一项创新策略，通过增加研发投入、加强与高校、研究机构的合作，以及建立创新孵化中心等方式，推动新技术的开发和应用，从而提升其在市场上的竞争力和地位。

创新策略的另一个重要特点是其不仅关注当前的挑战，更着眼于未来的发展。这意味着创新策略需要具备一定的前瞻性和战略性，能够预见市场和技术的变化趋势，并及时调整策略和方向。例如，一家汽车制造公司为了应对未来的电动汽车潮流，制定了一项长期的创新策略，着重投入电动汽车技术的研发和生产，以确保在未来市场竞争中占据优势地位。

此外，创新策略还具有引领组织不断适应环境变化的特点。随着市场的变化和技术的进步，组织需要不断调整和更新自己的战略和方针，以适应新的环境和条件。例如，一家传统的制造业企业面临着市场需求的变化和新技术的崛起，为了应对这些挑战，该企业制定了一项创新策略，通过转型升级、数字化生产等方式，实现企业的可持续发展。

总的来说，创新策略不仅是应对市场竞争和技术变革的重要手段，更是组织实现长期竞争优势和持续发展的关键。通过制定和实施创新策略，组织能够不断推动新思想、新技术和新产品的研发与应用，从而保持在市场上的竞争力和地位。

（二）创新策略的重要性

1. 适应变革和应对挑战

创新策略在适应变革和应对挑战方面具有重要意义，这不仅是对组织和个体的挑战，更是对整个社会和经济环境的挑战。创新策略的实施可以帮助组织更好地应对变化，并在不断变化的环境中保持竞争力，确保持续地生存和发展。

第一，创新策略有助于组织适应市场环境的变化。随着全球化的发展和技术的进步，市场竞争变得越来越激烈，市场环境也变得越来越复杂多变。例如，随着互联网的普及，传统零售行业面临着电商的冲击，为了应对这种变化，一些传统零售企业采取了创新策略，开设网店、建立线上销售渠道，以适应消费者的购物习惯和市场的变化。

第二，创新策略可以帮助组织有效地应对技术趋势的挑战。随着科技的不断发展，新技术的涌现对各行各业都带来了巨大的影响。例如，人工智能、大数据、物联网等新兴技术正在改变着传统产业的生产方式和商业模式。为了保持竞争力，组织需要及时跟进新技术的发展，并将其运用到自己的业务中。通过制定创新策略，组织可以积极开展技术研发和技术引进，提升自身的技术水平和竞争力。

第三，创新策略还可以帮助组织应对来自外部环境的各种挑战和风险。例如，经济周期的波动、政策法规的变化、自然灾害的影响等都可能对组织的生产经营产生重大影响。在面对这些挑战时，组织需要灵活应对，及时调整战略和方针。通过制定创新策略，组织可以建立灵活的组织机制和应对机制，提高自身的应变能力和抗风险能力。

2. 提升市场竞争力

创新策略在提升组织的市场竞争力方面扮演着至关重要的角色。通过不断创新产品、服务和业务模式，组织能够在市场上获得更大的认可度、吸引更多客户，并持续扩大市场份额。以下是创新策略在提升市场竞争力方面的深入探讨：

第一，创新产品和服务能够满足消费者需求，赢得市场份额。在市场竞争日益激烈的情况下，顾客对产品和服务的需求也在不断变化。通过创新，组织能够开发出更符合市场需求的产品和服务，满足顾客的个性化需求，从而提高客户满意度和忠诚度。

第二，创新业务模式可以改变行业格局，带来市场颠覆。通过引入新的商业模式和经营理念，组织可以打破传统的市场格局，开辟新的市场空间。

第三，创新还可以帮助组织提高生产效率和质量，降低成本，从而提升竞争力。通过引入新的生产技术和管理方法，组织能够提高生产效率，加快产品研发周期，降低生产成本，提高产品质量。这不仅可以帮助组织在市场上提供更具竞争力的产品和服务，还可以提高其盈利能力和市场地位。

3. 实现长期可持续发展

创新策略在组织实现长期可持续发展方面扮演着至关重要的角色。通过持续不断地创新，组织能够适应变化的市场环境和技术趋势，不断改进和优化自身的业务和运营模式，从而保持竞争优势，实现长期的盈利和发展。

第一，创新能够帮助组织适应快速变化的市场环境。随着全球经济的快速发展和科技的不断进步，市场竞争日益激烈，消费者需求也在不断变化。通过持续创新，组织能够及时捕捉市场的变化和趋势，灵活调整产品、服务和业务模式，从而保持与市场需求的一致性，避免被市场淘汰。

第二，创新有助于提高组织的竞争力和市场地位。在竞争激烈的市场环境中，只有不断推出具有竞争优势的新产品、新服务和新技术，才能赢得更多客户并保持市场份额。通过创新，组织能够与竞争对手区别开来，树立品牌形象，赢得消费者信任，从而提高竞争力和市场地位。

第三，创新还可以帮助组织实现效益最大化和成本最小化。通过不断引入新的生产技术和管理方法，组织能够提高生产效率，降低生产成本，提高产品质量，从而实现效益最大化。同时，创新还可以帮助组织优化业务流程，简化管理程序，降低运营成本，实现成本最小化。

最重要的是，创新能够帮助组织建立持续的竞争优势。在竞争激烈的市场环境中，创新是组织保持竞争优势的关键。通过不断创新，组织能够不断提升自身的核心竞争力，巩固市场地位，实现长期的盈利和发展。

（三）创新策略的内容

1. 产品或技术创新

产品或技术创新是创新策略中至关重要的一环，它涉及组织不断引入新技术、开发新产品以满足市场需求、提升竞争力的过程。

第一，产品或技术创新是组织保持竞争优势的重要手段。随着科技的不断发展和市场竞争的加剧，传统的产品或服务往往会面临被淘汰的风险。通过持续进行产品或技术创新，组织能够及时捕捉市场的新需求、新趋势，并迅速推出具有竞争优势的新产品或服务，从而保持在市场上的地位，并获得更多的市场份额。

第二，产品或技术创新有助于提升组织的市场竞争力。在市场竞争日益激烈的情况下，只有不断推出具有创新性和差异化的产品或服务，才能吸引更多的消费者，获得更高的市场占有率。通过引入新技术、新工艺或新设计，组织能够开发出更具吸引力和竞争力的产品，从而在市场中脱颖而出，赢得更多的客户和市场份额。

第三，产品或技术创新有助于提高组织的生产效率和产品质量。通过引入新技术和新工艺，组织能够提高生产效率，降低生产成本，从而提高产品的竞争力。同时，创新还可以帮助组织提升产品的质量和性能，满足消费者对高品质产品的需求，增强消费者的忠诚度，提升市场竞争力。

第四，产品或技术创新有助于推动产业升级和经济发展。通过持续不断地进行产品或技术创新，组织能够推动产业结构的优化和升级，提高整个产业的竞争力和创新能力，促进经济的持续健康发展。

2. 组织管理创新

组织管理创新是创新策略中至关重要的一环，它涉及对组织内部结构、流程和文化等方面的创新与改进。以下是对组织管理创新的进一步深入探讨：

第一，组织管理创新能够提升组织的执行效率和响应速度。通过优化组织结构，简化管理层级，降低决策成本，加快信息传递和决策执行的速度。例如，一些创新型企业采用扁平化组织结构和快速决策机制，使得决策更加灵活，执行更加高效，从而更快地适应市场的变化和应对竞争挑战。

第二，组织管理创新有助于激发员工的创新潜能和积极性。通过建立开放、包容的创新文化，鼓励员工提出新思路、新想法，激发员工的创造力和创新意识。例如，一些创新型企业鼓励员工参与到决策和创新项目中，提供创新奖励机制，激励员工积极参与创新活动，推动组织不断创新发展。

第三，组织管理创新可以增强组织的灵活性和适应能力。通过灵活的组织结构和管理流程，组织能够更快地适应市场的变化和外部环境的不确定性，及时调整战略方向和资源配置，从而保持竞争优势。例如，一些创新型企业采用敏捷开发和快速迭代的方法，快速响应市场需求，不断改进产品和服务，保持领先地位。

第四，组织管理创新有助于提升组织的员工满意度和组织绩效。通过建立开放、平等的沟通机制，让员工参与到决策和管理中，增强员工的归属感和责任感，提升员工的工作满意度和工作积极性，从而提升组织的绩效和竞争力。例如，一些创新型企业注重员工参与决策和管理，建立员工参与的团队建设和培训机制，提升员工的能力和素质，促进组织的长期发展。

3. 营销策略创新

营销策略创新是组织在创新策略中的关键组成部分，它涵盖了诸多方面，包括市场定位、品牌塑造、营销渠道创新等。以下是对营销策略创新的进一步深入探讨：

第一，市场定位的创新是营销策略中的重要一环。通过对市场进行深入洞察和分析，组织能够发现市场的细分和特定需求，从而确定适合自身产品或服务的目标市场，并进行有针对性的市场定位。

第二，品牌塑造是营销策略中的另一个重要方面。通过创新的品牌形象和传播方式，组织能够树立独特的品牌形象，提升品牌认知度和美誉度。例如，一些科技公司通过在社交媒体上展示创新产品的研发过程、分享用户体验和故事，以及与用户互动，构建了开放、亲近的品牌形象，吸引了更多用户的关注和信任。

第三，营销渠道的创新也是营销策略中的重要一环。随着互联网的发展，新兴的营销渠道不断涌现，例如社交媒体、电子商务平台等，组织可以通过创新的渠道选择和整合，实现全渠道营销，更好地触达目标客户。例如，一些零售企业通过与电商平台合作，开展线上线下一体化的营销活动，为消费者提供更便捷、个性化的购物体验，从而提升销售额和客户满意度。

4. 人才培养创新

人才培养创新是组织在创新策略中至关重要的一环，它直接影响着组织的竞争力和创新能力。人才培养创新涉及多个方面，包括人才选拔、培训机制、激励措施等。

第一，人才选拔是人才培养创新的关键环节之一。组织需要建立科学、公平的人才选拔机制，以确保能够吸引和留住具有创新潜力和能力的人才。例如，某些创新型企业通过采用多元化的选拔方式，如面试、考核、评估等，综合考察应聘者的专业能力、团队合作能力、创新思维等方面，从而选拔出最适合组织发展需求的人才。

第二，培训机制是人才培养创新的重要组成部分。组织需要建立灵活多样的培训体系，为员工提供与时俱进的专业知识和技能培训，同时注重培养员工的创新意识和创新能力。例如，一些高科技企业会定期组织内部或外部培训，邀请行业专家或学者授课，分享最新的科技趋势和创新案例，激发员工的创新潜能。

第三，激励措施也是促进人才培养创新的重要手段。组织需要建立激励机制，以奖励和鼓励那些提出创新想法、实施创新项目并取得成果的员工。例如，一些创新型企业会设立创新奖励基金，每年评选出一批创新成果突出的员工，并给予丰厚的奖励和荣誉，以激发全员的创新热情和积极性。

二、创新策略的特点

（一）前瞻性和战略性

1.前瞻性

在应用型高校中，前瞻性的重要性不言而喻。它不仅关乎学校未来的发展走向，更涉及对社会需求的洞察和对新兴科技的把握。前瞻性不仅是一种能力，更是一种战略，它需要学校不断地追求创新、不断地拓展眼界、不断地超越现状。在这个过程中，学校需要以一种全面、深入的态度，审视和研究教育、科技、社会等领域的动态，以此为基础，规划未来的发展方向和策略。

第一，学校需要密切关注教育领域的动态。随着社会的不断发展和变革，教育也在不断演变。例如，近年来，随着信息技术的飞速发展，教育技术逐渐成为教育改革的重要方向之一。许多学校开始将在线教育、智能教室等新技术应用到教学中，以提高教学效率和质量。前瞻性的学校应该意识到这一趋势，并及时调整教育教学模式，充分利用新技术手段改进教学方式，以适应未来教育的需求。

第二，科技领域的动态也是学校前瞻性研究的重要内容之一。科技的不断进步和创新对教育产生了深远的影响。例如，人工智能、大数据、云计算等新兴技术正在逐渐渗透到各个行业，对教育方式和内容提出了新的挑战和机遇。前瞻性的学校应该密切跟踪这些前沿技术的发展趋势，并结合自身实际情况，积极探索如何将这些新技术应用到教学和科研中，以提高学校的教学水平和科研能力。

第三，社会领域的动态也是学校前瞻性研究的重要内容之一。社会是学校的依托和服务对象，学校的发展必须与社会的需求相契合。因此，学校需要密切关注社会的发展变化，及时调整自身的发展方向和目标。例如，随着经济的不断发展和社会结构的变化，人们对于职业技能和终身学习的需求越来越强烈。前瞻性的学校应该抓住这一趋势，积极调整教学内容和培养模式，培养适应社会需求的人才，以促进学校和社会的共同发展。

2. 战略性

创新策略的战略性体现在于学校对自身长远发展的规划和目标的明确指导下进行。这需要学校深入分析自身的办学定位、优势特点以及外部环境的变化，结合国家发展战略和行业趋势，制定符合自身实际情况的创新战略。这种战略性的制定不仅需要学校有清晰的目标和方向，还需要有系统性的思考和决策，以确保创新策略能够有效地推动学校的发展。

第一，学校需要明确自身的办学定位和发展目标。这包括学校所处的地理位置、办学历史、学科布局、人才队伍等方面的情况。例如，一所应用型高校可能位于某一产业发达地区，其办学定位可能是与当地产业密切结合，为地方经济发展培养相关专业人才。因此，学校需要根据自身的特点和优势，确定符合自身定位和发展目标的创新战略。

第二，学校需要结合国家发展战略和行业趋势，制定创新战略。国家发展战略和行业趋势对学校的发展具有重要影响，学校需要密切关注国家政策和行业动态，及时调整自身发展战略。例如，近年来，随着国家对人工智能、生物技术等前沿领域的重视，学校可以将这些领域作为重点发展方向，加大科研投入，培养相关人才，以支持国家的战略发展。

第三，学校需要制定符合自身特点和优势的创新战略。这包括根据学校的学科优势、师资力量、科研条件等方面的情况，确定创新的重点领域和发展路径。例如，一所工程类应用型高校可能在工程技术创新方面具有较强的优势，可以加大对工程科研项目的支持和培养工程人才的力度，以进一步提升学校的学科实力和社会影响力。

第四，学校需要建立完善的执行机制和监督机制，确保创新战略能够有效地实施。这包括明确责任人和任务分工，建立科学的绩效评估体系，及时调整和优化创新战略。例如，学校可以设立专门的创新发展部门，负责制定和执行创新战略，并定期组织评估和总结经验，以不断提升创新战略的执行效果和实施效率。

（二）多样性和灵活性

1. 多样性

应用型高校的创新策略需要具备多样性，这是因为不同学科、专业以及人才培养目标所面临的挑战和机遇各不相同。因此，学校必须针对不同领域的特点和需求，制定相应的创新策略，以促进全方位的发展。

第一，针对工程类专业的特点，创新策略可以侧重于技术研发和产业合作。工程类专业通常需要紧跟技术更新换代的步伐，因此学校可以通过加强与企业的合作，开展技术研发项目，提升学生的实践能力和创新意识。例如，一所工程类应用型高校可以与当地的科技企业合作，共同开展工程项目，培养学生的工程实践能力，并将科研成果转化为实际生产力。

第二，针对文学类专业的特点，创新策略可以侧重于文化创新和跨学科合作。文学类专业在人文素养和文化传承方面具有重要作用，因此学校可以通过推动跨学科合作，将文学与其他学科相结合，开展创新研究和项目。例如，一所文学类应用型高校可以与艺术学院或社会科学学院合作，开展跨学科研究项目，探讨文学与艺术、文学与社会科学的交叉点，推动文学研究的创新发展。

第三，针对不同人才培养目标，创新策略也可以有所调整。对于工科类专业，创新策略可以侧重于培养工程实践能力和创新意识；对于文科类专业，创新策略可以侧重于培养人文素养和批判性思维。例如，一所综合性应用型高校可以针对不同专业设置不同的创新教育课程，满足不同学科、专业的人才培养需求，促进学生的全面发展。

在制定创新策略时，学校还可以借鉴其他国家或地区的成功经验，加强国际交流与合作。例如，一些国外的应用型高校在跨学科合作和产学研结合方面有着丰富的经验，学校可以通过国际交流与合作，吸收他们的成功经验，推动本校创新发展。

2. 灵活性

创新策略的灵活性是应用型高校应对外部环境变化和内部需求的重要保障，它要求学校能够及时应对市场变化和政策调整，灵活调整创新策略，以保持对外部环境的敏感性和适应性。在一个不断变化的环境中，学校需要具备灵活的思维和机制，以便能够有效地应对各种挑战和机遇。

第一，学校需要及时了解和分析外部环境的变化。这包括对政策法规、市场需求、产业发展等方面的关注和研究。例如，某项政策的出台可能会对学校的发展产生重大影响，学校需要密切关注政策动态，并及时分析其对学校的影响和应对措施。

第二，学校需要建立灵活的决策机制和执行机制。这包括明确责任人和任务分工，建立快速响应的决策流程。例如，学校可以设立专门的政策研究和应对团队，负责及时分析外部环境变化，提出相应的应对建议，并确保决策的迅速实施。

第三，学校需要注重信息共享和沟通协调。这包括内部各部门之间的信息共享和外部合作伙伴之间的沟通协调。例如，学校可以建立定期的信息交流平台，促进内部各部门之间的信息共享，以及与政府部门、行业组织等外部合作伙伴之间的沟通交流，共同应对外部环境的变化。

第四，学校还需要注重人才队伍的建设和培养。这包括提升员工的综合素质和应对能力，培养员工的创新意识和团队合作精神。例如，学校可以组织培训课程和工作坊，帮助员工提升应对市场变化和政策调整的能力，培养他们的创新意识和团队合作能力。

五是，学校需要不断总结经验和改进机制。这包括对灵活调整创新策略的效果进行评估和总结，及时发现问题并采取措施加以改进。例如，学校可以建立定期的评估机制，对灵活调整创新策略的效果进行评估，及时发现问题并采取措施加以改进，以提升学校应对外部环境变化的能力。

（三）持续性和系统性

1. 持续性

创新策略的持续性是应用型高校在创新发展过程中的重要特征之一。持续性意味着创新活动不仅需要一时的冲刺和努力，更需要长期的坚持和不断地完善。在创新策略的实施过程中，学校需要采取一系列措施，确保创新活动能够持续推进和有效实施，从而促进创新文化的营造和发展。

第一，持续性要求学校不断进行创新实践和学习。这包括推动科研成果转化、开展产学研合作、组织创新创业活动等方面的工作。例如，学校可以建立创新实验室或科研中心，提供创新资源和平台，鼓励师生参与创新活动，推动科研成果的转化和应用，促进科研和产业的深度融合。

第二，持续性要求学校不断优化创新机制和流程。这包括建立灵活高效的管理体系、规范科研项目管理、加强知识产权保护等方面的工作。例如，学校可以建立科研项目管理平台，实现项目信息的集中管理和监控，提高项目管理的效率和透明度，推动科研成果的产出和转化。

第三，持续性还要求学校不断培育和发展创新文化。这包括营造开放包容的创新氛围、激励鼓励创新行为、加强创新教育和培训等方面的工作。例如，学校可以举办创新创业大赛、创客活动等，鼓励师生积极参与创新活动，增强创新意识和创新能力，培养创新人才。

第四，持续性还要求学校建立健全的评估和监督机制，确保创新活动的质量和效果。这包括建立科学合理的评估指标、定期组织评估和总结、及时发现问题并采取措施加以改进等方面的工作。例如，学校可以定期对创新活动进行评估，分析活动的成效和影响，及时发现问题并提出改进建议，持续优化创新活动的组织和实施过程。

2. 系统性

创新策略的系统性是应用型高校在推动创新发展过程中至关重要的一环。系统性要求学校建立一套完整的创新管理体系，涵盖创新组织架构、流程管理、人才培养等方面，以确保创新活动的有序开展和有效运作。这需要学校在组织结构、管理流程、人才培养等方面进行综合考虑和规划，建立一套科学有效的创新管理机制。

第一，创新组织架构的建立是确保创新活动系统性的重要保障。学校可以建立专门的创新管理部门或机构，负责统筹规划和管理学校的创新活动。这个部门或机构可以由具有丰富经验和专业知识的专家组成，负责制定创新发展规划、组织实施创新项目、监督评估创新成果等工作。例如，一些知名的应用型高校可能会设立创新发展处或者科研与创新发展中心，专门负责统筹学校的创新活动，推动科技成果转化和应用。

第二，流程管理的建立是保证创新活动有序开展的关键环节。学校可以建立科学合理的创新项目管理流程，包括项目立项、申报评审、实施执行、成果转化等各个环节。通过建立流程管理机制，可以实现对创新活动的全程监控和管理，提高创新项目的管理效率和执行效果。例如，学校可以借鉴项目管理的经验，建立项目管理办公室或项目管理团队，负责制定项目管理规范和流程，统一管理和监督创新项目的实施过程。

第三，人才培养是创新策略系统性的重要组成部分。学校需要建立完善的人才培养体系，培养具有创新意识和创新能力的高层次人才。这包括提供创新教育和培训、建立导师制度、激励鼓励人才创新等方面的工作。通过人才培养体系的建立，可以为学校的创新活动提供坚实的人才支持和保障。例如，学校可以开设创新创业类课程，组织创新实践活动，建立导师制度，指导学生进行创新研究和项目开发。

除此之外，学校还需要加强对创新管理体系的监督和评估，及时发现问题并加以改进。这可以通过建立定期评估机制、开展自评和外评、举办经验交流和培训等方式实现。例如，学校可以定期组织创新管理经验交流会议，邀请相关专家和学者分享创新管理的经验和做法，推动学校创新管理水平的提升。

（四）风险性和不确定性

1.风险性

创新策略的风险性是应用型高校在推动创新发展过程中必须面对的重要挑战之一。这种风险性涵盖了技术、市场、人才等多个方面，需要学校具备一定的创新意识和风险管理能力，以降低创新活动的风险和损失。在应对这些风险挑战时，学校可以采取一系列措施，包括建立风险评估机制、制定应急预案、加强技术创新和人才培养等方面的工作。

第一，学校需要建立科学有效的风险评估机制，全面分析和评估创新活动可能面临的技术、市场、人才等方面的风险。这包括对项目的可行性、市场需求、技术成熟度等进行评估，以及对外部环境的变化和内部因素的影响进行分析。例如，学校在推进新课程设计时，可以先进行市场调研和风险评估，了解课程的市场需求和竞争情况，评估课程的技术可行性和教学资源投入情况，以确保投入产出比的合理性。

第二，学校需要制定相应的应急预案，针对可能发生的风险情况提前做好准备。这包括建立应急响应机制、设立应急处理团队、明确应急措施和责任人等。例如，学校可以制定针对不同风险情况的应急预案，明确应对措施和责任分工，提前做好应对各种风险情况的准备工作，以降低风险事件对学校的影响。

第三，学校需要加强技术创新和人才培养，提升应对风险挑战的能力。这包括推动科技创新、加强人才队伍建设、培养创新人才等方面的工作。例如，学校可以加大科研投入，鼓励教师和学生参与科技创新项目，提升学校的科研水平和技术创新能力；同时，加强创新人才培养，注重培养学生的创新意识和创业精神，提高学生应对风险挑战的能力和素质。

第四，学校还需要建立健全的监督和评估机制，及时发现问题并采取措施加以改进。这包括定期组织风险评估和监测、开展风险事件的跟踪和分析、及时调整和优化创新策略等方面的工作。例如，学校可以建立定期的风险评估和监测机制，及时发现和解决可能存在的风险问题，不断优化创新策略和管理机制，提高学校应对风险挑战的能力。

2. 不确定性

不确定性是创新过程中不可避免的因素，它可能来自外部环境的变化、内部因素的影响以及各种不可预见的因素。在应用型高校推动创新发展的过程中，面对不确定性，学校需要灵活应对，及时调整创新策略，以保持对外部环境的敏感性和应变能力。

第一，学校需要建立灵活的创新机制和流程。这包括建立快速反应机制、灵活调整决策流程、简化项目管理程序等方面的工作。例如，学校可以建立灵活的项目管理机制，允许项目组根据外部环境变化随时调整项目方案和实施计划，确保项目能够及时有效地应对不确定性带来的挑战。

第二，学校需要加强对外部环境变化的监测和分析。这包括建立健全的信息收集和分析机制、开展市场调研和竞争情报分析等方面的工作。例如，学校可以建立定期的市场调研机制，及时了解市场需求和竞争动态，为制定创新策略提供数据支持和参考依据。

第三，学校需要注重与外部合作伙伴的沟通和协作。这包括建立良好的合作关系、加强信息交流和资源共享等方面的工作。例如，学校可以与行业企业、政府部门、科研院所等建立紧密合作关系，共同开展创新项目，分享资源和技术，共同应对不确定性带来的挑战。

第四，学校还需要加强人才队伍的建设和培养。这包括提升员工的应变能力和创新意识、培养团队合作精神和问题解决能力等方面的工作。例如，学校可以组织员工参加培训课程和工作坊，提升其应对不确定性的能力和素质，培养其灵活应变和创新思维。

五是，学校需要建立健全的风险管理机制。这包括制定风险评估和应对计划、建立风险监测和预警系统等方面的工作。例如，学校可以建立风险评估团队，定期对可能带来不确定性的因素进行评估和分析，制定相应的风险应对计划，降低风险对学校发展的影响。

第二节　创新策略与应用型人才培养的关系

一、创新策略对应用型人才培养的指导作用

（一）引领课程设置和教学模式改革

1. 前瞻性课程设置

（1）基于行业需求的课程更新

　　在应用型高校课程更新方面，密切关注行业发展趋势和需求是至关重要的。随着科技和产业的快速发展，信息技术领域的课程设置需要不断更新以跟上新兴技术的发展步伐。具体而言，人工智能（AI）和区块链技术作为当前信息技术领域的热点，对课程设置提出了新的挑战和机遇。

　　第一，人工智能是当今信息技术领域的一项重要技术，已经在各个行业得到广泛应用。因此，应用型高校应该在课程设置中加入与人工智能相关的内容。例如，可以开设"人工智能原理与应用"课程，该课程可以涵盖人工智能的基本原理、算法、应用场景等内容。在这门课程中，学生可以学习到人工智能的基本概念，了解人工智能在各个行业中的应用，培养学生的人工智能思维和解决问题的能力。

　　第二，区块链技术作为一种新兴的分布式账本技术，在金融、物流、供应链等领域具有广阔的应用前景。因此，应用型高校也应该在课程设置中引入与区块链技术相关的内容。例如，可以开设"区块链技术与应用"课程，该课程可以介绍区块链的基本原理、加密技术、智能合约等内容，并结合实际案例分析区块链在不同领域的应用场景。通过这门课程的学习，学生可以了解区块链技术的基本概念和工作原理，掌握区块链的应用方法和开发技能，为将来从事相关行业的工作做好准备。

　　除了人工智能和区块链技术，还有许多其他新兴技术在信息技术领域得到了广泛的关注和应用，如物联网、大数据、云计算等。因此，应用型高校应该根据

行业发展趋势，不断更新课程设置，引入最新的技术和应用案例，为学生提供全面的学习体验和专业知识。例如，可以开设"物联网技术与应用""大数据分析与挖掘""云计算原理与实践"等课程，满足学生对新技术的学习需求，培养他们的创新能力和应用能力。

（2）跨学科融合的课程设计

跨学科融合的课程设计是应用型高校在实施创新策略时的重要举措之一。随着社会和产业的发展，不同学科之间的交叉融合日益频繁，这为学校提供了创新课程设计的机会，以培养具有综合能力和跨界思维的复合型人才。跨学科融合的课程设计不仅能够丰富学生的知识结构，还能够促进学生的综合素养和解决问题的能力。

第一，跨学科融合的课程设计可以促进知识的整合和创新。不同学科之间存在着相互联系和相互影响的关系，通过将不同学科的知识和理论进行整合，可以创造出新的知识和理论，促进学科之间的交叉融合和创新发展。例如，在工程与商学的跨学科课程设计中，可以将工程技术与商业管理知识相结合，探讨如何在工程项目管理中运用商业管理理论和方法，以提高项目管理的效率和质量。这样的跨学科课程设计既能够丰富学生的知识结构，又能够促进新知识和新理论的产生和应用。

第二，跨学科融合的课程设计可以培养学生的综合能力和跨界思维。在跨学科的课程设计中，学生需要跨越学科界限，将不同学科的知识和方法进行整合和应用，这对学生的综合能力和跨界思维能力提出了更高的要求。例如，在工程项目管理课程中，学生不仅需要掌握工程技术知识，还需要了解商业管理理论和方法，能够在实际项目管理中综合运用这些知识和方法，解决复杂的项目管理问题。这样的跨学科课程设计能够培养学生的综合素养和创新能力，提高他们在跨领域工作中的适应能力和竞争力。

第三，跨学科融合的课程设计还能够促进学科之间的交流与合作。通过跨学科的课程设计，不同学科的教师和学生可以进行更加密切的合作与交流，共同探讨问题、解决挑战，促进学科之间的相互理解和协作。例如，工程学院的教师可以与商学院的教师合作开设跨学科课程，共同指导学生进行项目管理实践，这样的合作不仅能够促进教师之间的交流与合作，还能够为学生提供更丰富的学习资源和实践机会。

2. 教学模式的灵活变革

（1）案例教学的引入

引入案例教学是应用型高校在实施创新策略时的一项重要举措。通过引入真实案例，学生能够在课堂上接触到实际的问题和挑战，从而培养解决问题的能力、分析思考的能力以及团队合作的能力。特别是在商学院等管理类专业中，案例教学具有特别重要的意义，可以帮助学生更好地理解商业运作和管理实践，培养其商业思维和决策能力。

第一，案例教学能够使学生更加深入地了解理论知识。通过分析真实的案例，学生可以将抽象的理论知识与具体的实践问题相结合，从而更加深入地理解理论知识的实际应用。例如，在商学院的市场营销课程中，引入一家企业的市场营销案例，让学生分析该企业在市场营销方面遇到的问题和挑战，通过分析案例，学生可以更好地理解市场营销理论知识，并能够将其运用到实际的市场营销实践中。

第二，案例教学能够培养学生解决问题的能力和创新思维。在案例教学中，学生需要分析案例中的问题，提出解决方案，并进行讨论和辩论，从而培养其解决问题的能力和创新思维。例如，在商学院的创业管理课程中，引入一家初创企业的案例，让学生分析该企业在创业过程中遇到的问题和挑战，提出创新的创业策略和解决方案，从而培养学生的创业精神和创新能力。

第三，案例教学还能够促进学生之间的交流与合作。在案例教学中，学生通常需要组成小组，共同分析案例、讨论问题，并提出解决方案，这样的合作模式能够促进学生之间的交流与合作，培养其团队合作和沟通能力。例如，在商学院的团队管理课程中，引入一个团队合作的案例，让学生分析该团队在合作过程中遇到的问题和挑战，提出改进建议，并共同讨论解决方案，从而培养学生的团队合作能力和领导力。

（2）项目驱动的教学实践

项目驱动的教学实践是应用型高校在实施创新策略时的重要举措之一。这种教学模式将学生置身于具体的项目中，通过实际操作和实践经验来学习知识和技能，从而培养学生的实践能力、团队合作精神和问题解决能力。特别是在工程类专业中，项目驱动的教学实践能够让学生深入了解工程实践的全过程，提升其解决实际问题的能力和工程实践能力。

第一，项目驱动的教学实践能够加强理论与实践的结合。通过让学生参与真实的工程项目，他们不仅能够学习到相关的理论知识，还能够将这些理论知识应用到实际的项目中去，从而加深对知识的理解和掌握。例如，在工程设计课程中，学校可以组织学生参与一个真实的工程设计项目，让他们亲身体验从需求分析、方案设计到实施落地的全过程。通过这样的实践活动，学生可以将课堂上学到的理论知识与实际应用相结合，加深对知识的理解和掌握。

第二，项目驱动的教学实践能够培养学生的实践能力和工程实践能力。在实际的项目中，学生需要运用所学的知识和技能解决实际的问题，这既考验了他们的专业知识水平，也锻炼了他们的动手能力和实际操作能力。例如，在一个工程项目中，学生可能需要进行现场勘测、设计方案、制作模型、进行试验验证等一系列实际操作，通过这样的实践活动，学生可以积累丰富的实践经验，提升其工程实践能力和解决问题的能力。

第三，项目驱动的教学实践还能够促进学生之间的团队合作和交流。在一个项目中，学生通常需要组成小组，共同合作完成项目任务，这样的合作模式能够促进学生之间的交流与合作，培养其团队合作精神和沟通能力。例如，在一个工程设计项目中，学生可能需要分工合作，共同完成项目的各个环节，通过这样的合作活动，学生可以相互学习、相互支持，共同解决问题，培养其团队合作精神和领导能力。

（二）促进师资队伍建设和科研创新

1.吸引与培养高水平师资：

（1）引进产业专家和实践者

引进产业专家和实践者作为教师是应用型高校在实施创新策略时的重要举措之一。这样的教师具有丰富的产业背景和实践经验，他们不仅能够传授学科知识，还能够将实际工作经验与学生分享，提升教学的实践性和针对性，从而为学生的职业发展和就业做好充分准备。

第一，引进产业专家和实践者能够丰富教学内容和教学方法。这些教师通常具有丰富的产业经验和实践经验，他们可以将自己在产业界积累的经验和知识带入课堂，丰富教学内容，使学生能够更加直观了解行业的现状和发展趋势。例如，在商学院的市场营销课程中，引进一位具有丰富市场营销实践经验的专家作为教师，他可以通过分享自己在市场营销领域的实际工作经验，让学生了解市场营销的实际操作和应用技巧，从而提升教学的实践性和针对性。

第二，引进产业专家和实践者能够促进教学与产业的深度融合。这些教师通常具有丰富的产业背景和实践经验，他们了解行业的需求和发展趋势，能够将最新的产业动态和前沿技术带入课堂，为学生提供与实际工作紧密结合的教学内容。例如，在工程类专业的课程中，引进一位在工程行业有多年工作经验的专家作为教师，他可以通过分享自己在工程项目中的实际工作经验，让学生了解工程项目的实际运作和问题解决方法，从而提升学生的实践能力和工程实践能力。

　　第三，引进产业专家和实践者还能够促进学生的职业发展和就业。这些教师通常具有丰富的职业背景和人脉资源，他们能够为学生提供实习和就业机会，指导学生规划职业发展路径，帮助他们更好地适应社会需求和就业市场。例如，在商学院的就业指导课程中，引进一位具有丰富人力资源管理经验的专家作为教师，他可以通过分享自己在人力资源管理领域的实际经验，为学生提供就业指导和职业规划建议，帮助他们更好地找到适合自己的职业发展路径。

　　（2）培养学术带头人和青年骨干

　　培养学术带头人和青年骨干是应用型高校在实施创新策略时的重要举措之一。这些学术领袖和青年骨干在学科发展和科研创新方面具有重要的作用，他们不仅能够推动学科的发展，还能够为学校的科研和教学提供更多的支持和帮助。为了培养这些学术带头人和青年骨干，学校可以通过设立科研项目、优化激励机制等方式，激发教师的科研潜力，提升其科研能力和创新能力。

　　第一，学校可以通过设立科研项目来培养学术带头人和青年骨干。科研项目是教师进行科研活动的重要途径，通过参与科研项目，教师可以深入研究学科领域的前沿问题，积累科研经验，提升科研水平。学校可以根据教师的研究方向和科研能力，为其提供相应的科研项目支持，鼓励教师积极参与科研活动，培养他们的科研能力和创新精神。例如，学校可以设立青年教师科研启动基金，资助青年教师开展科研项目，帮助他们建立科研团队，拓宽科研视野，提升科研水平。

　　第二，学校可以通过优化激励机制来激发教师的科研潜力。激励机制是推动教师进行科研活动的重要保障，通过合理设计激励机制，可以激发教师的科研热情，提高其科研积极性。学校可以建立完善的科研激励机制，包括科研项目资助、科研成果奖励、学术论文发表奖励等，为教师提供良好的科研环境和条件，鼓励他们积极参与科研活动，提升科研能力。例如，学校可以设立科研成果奖励制度，对教师在科研项目、学术论文等方面取得突出成绩的给予奖励，激发教师的科研积极性和创新精神。

第三，学校还可以通过加强科研团队建设来培养学术带头人和青年骨干。科研团队是进行科研活动的重要平台，通过加强科研团队建设，可以促进教师之间的交流与合作，提升科研效率和水平。学校可以建立多学科、跨领域的科研团队，吸引优秀的青年教师加入其中，与学科带头人共同开展科研活动，推动学科的发展和创新。例如，学校可以建立交叉学科的科研团队，组织不同学科领域的教师共同开展科研项目，促进学科交叉与融合，培养学术带头人和青年骨干。

2.推动科研创新与产学研结合

（1）设立科研项目和实验基地

在应用型高校实施创新策略的过程中，设立科研项目和实验基地是非常重要的举措之一。这些平台不仅能够促进科研创新，还能够提升科研实力和成果转化能力，为教师和学生提供展示和实践的机会。通过科研项目和实验基地的建设，学校可以促进产学研结合，推动科技成果的转化和应用，为社会发展和产业升级提供更多的支持和帮助。

第一，设立科研项目是推动科研创新的重要举措之一。科研项目是教师进行科研活动的重要平台，通过参与科研项目，教师可以深入研究学科领域的前沿问题，积累科研经验，提升科研水平。学校可以通过设立科研项目的方式，为教师提供科研支持和资助，激发其科研潜力，推动科研创新。例如，学校可以每年组织一次科研项目申报，面向教师开放，资助优秀的科研项目，帮助教师开展科研活动，提升科研水平。

第二，建立实验基地是促进科研成果转化和应用的重要手段。实验基地是进行实验研究和科技创新的重要场所，通过建立实验基地，学校可以为教师和学生提供展示和实践的平台，促进科研成果的产学研结合，推动科技成果的转化和应用。例如，在工程类专业中，学校可以建立具有先进设备和完善设施的实验基地，为教师和学生提供开展科研和实验研究的场所，推动科研成果的产业化应用。

第三，科研项目和实验基地的建设还能够提升学校的科研实力和竞争力。通过建立科研项目和实验基地，学校可以吸引更多的高水平科研人才加入，扩大科研团队规模，提升科研实力和影响力。同时，科研项目和实验基地的建设也能够为学校的科研成果转化和应用提供更多的支持和保障，推动学校在科研创新方面取得更大的突破和成就。

（2）加强产业合作和技术转移

加强与产业界的合作是推动创新策略实施的关键举措之一。通过与企业开展合作，学校可以共同开展科研项目和技术研发，促进科研成果的技术转移和产业化应用。这种合作模式有助于提升科研工作的实效性和社会影响力，加速科技成果的转化，推动经济社会的发展。

第一，学校可以与企业签订合作协议，建立长期稳定的合作关系。通过与企业签订合作协议，学校可以明确双方的合作内容、合作方式和合作目标，为科研项目和技术转移提供法律和制度保障。例如，学校可以与某大型科技企业签订合作协议，共同开展人工智能领域的科研项目，合作开发新型智能产品，促进科研成果的产业化应用。

第二，学校可以成立联合研究院或科技创新中心，与企业共同开展科研项目和技术研发。联合研究院或科技创新中心是学校与企业合作的重要平台，通过成立这样的机构，学校可以与企业共同投入科研资源，开展前沿科技研究和技术开发。例如，学校可以与某汽车制造企业合作成立汽车智能驾驶技术研究中心，共同研发自动驾驶技术和智能交通系统，推动智能交通领域的技术创新和产业发展。

第三，学校还可以积极参与政府主导的科技创新项目和产业发展规划，与产业界共同推动科技成果的转化和应用。政府主导的科技创新项目和产业发展规划通常涉及多个领域和多个产业，学校可以通过参与这些项目和规划，与企业共同探索科技创新的方向和路径，促进科研成果的技术转移和产业化应用。例如，学校可以积极响应政府的科技创新政策，与政府部门和企业合作，共同推动某一行业的技术创新和产业升级。

（三）促进产学研合作和实践项目开展

1.促进产学研深度合作：

（1）建立产学研联合研究中心

建立产学研联合研究中心是应用型高校与企业、科研院所等单位合作的重要举措之一，旨在共同开展前沿科研项目，实现资源共享、优势互补，推动科技成果的转化和产业升级。这种合作模式为学术界、产业界和科研界提供了一个有机结合的平台，促进了科研成果的应用与推广，对推动技术进步和经济发展具有重要意义。

第一，建立产学研联合研究中心可以实现资源共享和优势互补。学校在科研设施、人才队伍和科研经费等方面具有一定的优势，而企业则具有市场需求和实际应用的经验，科研院所则拥有丰富的科研成果和技术储备。通过建立联合研究中心，各方可以共享资源，互相借鉴经验，形成合力，共同开展前沿科研项目。例如，某应用型高校与当地的制造企业和科研院所合作建立了智能制造联合研究中心，学校提供先进的研究设施和优秀的科研团队，企业提供实际生产的场景和需求，科研院所提供丰富的科研成果和技术支持，三方共同开展了智能制造领域的前沿研究，取得了一系列重要科研成果。

第二，建立产学研联合研究中心有利于推动科技成果的转化和产业升级。联合研究中心的研究方向通常与产业发展密切相关，具有较高的实用性和应用前景。通过开展科研项目，联合研究中心可以解决产业界面临的关键技术难题，推动科技成果的转化和应用。例如，某联合研究中心开展了关于清洁能源技术的研究项目，研发了一种新型的太阳能电池技术，通过与相关企业合作，将该技术成功应用于工业生产中，推动了当地清洁能源产业的发展，实现了产业升级和经济增长。

第三，建立产学研联合研究中心还有助于培养高层次人才和科研团队。联合研究中心通常汇集了来自学校、企业和科研院所的优秀人才，通过开展科研项目和合作研究，可以提升团队的整体水平和科研能力，培养出一批具有创新意识和团队合作精神的高层次人才。例如，某联合研究中心建立了博士后流动站，吸引了大量国内外优秀人才加入科研团队，为科研项目的顺利开展和成果转化提供了强有力的人才支持。

（2）联合科研项目申报

联合科研项目申报是学校与企业合作的一种重要形式，通过共同承担科研任务，解决实际问题，旨在促进学术研究与实际应用的结合，提升科研成果的实用性和社会效益。这种合作模式为学校和企业提供了共同发展的机会，可以通过共同努力，取得更加显著的科研成果，推动科技创新和产业发展。

第一，联合科研项目申报可以促进学术界与产业界的深度合作。学校与企业合作联合申报科研项目，通常需要在项目申报、研究实施、成果转化等方面密切合作。在项目申报阶段，学校和企业可以共同确定研究方向和目标，提出符合双方需求的研究方案，以确保项目的科研价值和实用性。在研究实施阶段，学校和企业可以共同投入科研资源，开展科研活动，共同攻克关键技术难题，取得科研成果。在成果转化阶段，学校和企业可以共同探讨成果的应用前景和商业化路径，推动科研成果的产业化应用。

第二，联合科研项目申报可以促进科研成果的实用性和社会效益。学校与企业合作联合申报科研项目，通常会选择一些与产业发展密切相关、具有实际应用前景的研究课题。这些课题往往能够直接解决企业在生产、技术、管理等方面面临的实际问题，具有较高的实用性和社会效益。通过联合科研项目申报，学校和企业可以共同攻克关键技术难题，推动科技成果的转化和应用，为产业升级和经济社会发展作出积极贡献。

例如，某大学与当地的汽车制造企业合作联合申报了一项关于新能源汽车电池技术研究的国家级科研项目。在项目实施过程中，学校的专业团队与企业的研发人员密切合作，共同攻克了电池性能优化、安全性提升等关键技术难题，在项目结题后，取得了一系列具有自主知识产权的科研成果。这些成果不仅为企业的新能源汽车研发提供了重要技术支持，也为推动当地新能源汽车产业的发展做出了积极贡献。

2. 拓展实践项目渠道

（1）建立实践基地和实训中心

建立实践基地和实训中心是应用型高校与企业、政府等合作的重要举措，旨在为学生提供更加丰富的实践实习机会，让他们在真实的工作场景中学习和实践，增强其实际操作能力和解决问题的能力。这种合作模式可以有效地弥补学校课堂教学与实际工作之间的差距，提升学生的就业竞争力和社会适应能力，对于推动人才培养和产业发展具有重要意义。

第一，建立实践基地和实训中心有助于提升学生的实践能力和解决问题的能力。实践基地和实训中心通常设施完备，环境优越，可以模拟真实的工作场景，为学生提供与实际工作相关的实践机会。例如，某应用型高校与当地的汽车制造企业合作建立了汽车工程实训中心，该实训中心配备了先进的汽车检测设备和模拟工作车间，学生可以在其中进行汽车维修、故障排除等实践操作，提升其实际操作能力和问题解决能力。

第二，建立实践基地和实训中心可以促进学校与企业、政府等单位的深度合作。实践基地和实训中心通常需要与相关单位进行合作建设，这种合作模式可以促进学校与企业、政府等单位之间的交流与合作，形成良好的产学研合作关系。例如，某应用型高校与当地的电子科技企业合作建立了电子实践基地，学校提供场地和设施，企业提供技术支持和实践指导，双方共同承担实践项目的设计和实施，实现了资源共享和优势互补，推动了产学研合作的深度发展。

第三，建立实践基地和实训中心还有助于促进产学研结合，推动科技成果的转化和应用。通过与企业、政府等单位合作建立实践基地和实训中心，学校可以更好地借助外部资源和市场需求，开展科研项目和技术开发，促进科技成果的产业化应用。例如，某应用型高校与当地的工业园区合作建立了智能制造实践基地，学校利用园区内的工业生产线和智能制造设备，开展智能制造相关的科研项目和实践活动，推动了智能制造技术的应用和产业升级。

（2）推动校企合作实践项目

推动校企合作实践项目是应用型高校与企业合作的一种重要方式，旨在为学生提供更加贴近实际的实践机会，促进学生将理论知识应用于实际工作中，培养其团队合作和创新能力。这种合作模式不仅有助于学校与企业之间的深度合作，还能够为学生提供丰富的实践经验，增强其就业竞争力和社会适应能力。

第一，推动校企合作实践项目有助于弥补学生理论知识与实际工作之间的差距。传统的课堂教学主要注重理论知识的传授，而实践项目则能够让学生将所学知识应用于实际工作中，真正理解和掌握知识的实际运用方法。通过参与校企合作实践项目，学生可以接触到真实的工作场景和问题，了解企业的运作模式和市场需求，从而更好地适应未来的职业发展。

第二，推动校企合作实践项目有助于促进学校与企业之间的深度合作。通过与企业签订合作协议，共同开展实践项目，学校可以深入了解企业的需求和问题，为企业提供解决方案和技术支持，从而建立起良好的合作关系。例如，某应用型高校与当地的制造企业签订了合作协议，共同开展了一项关于新产品设计的实践项目。在项目开展过程中，学校提供了专业的技术支持和项目管理，帮助企业解决了设计难题，同时也为学生提供了实践机会，培养了其团队合作和创新能力。

第三，推动校企合作实践项目还有助于提升学生的就业竞争力和社会适应能力。参与实践项目可以让学生积累丰富的实践经验，提升其实际操作能力和解决问题的能力，使其更具竞争力于就业市场。同时，实践项目也能够培养学生的团队合作、沟通协调、问题解决等综合能力，增强其社会适应能力和创新能力，为其未来的职业发展奠定良好的基础。

二、应用型人才培养对创新策略的支持与反馈

（一）人才储备与技术支撑

1.人才储备的重要性

（1）创新活动的人力基础

人才是企业创新活动的重要基础，而稳定的人才储备则是确保创新持续进行的关键。在日常运营中，企业需要不断地进行产品研发、技术创新等工作，而这些活动都需要有足够的人力支持。应用型人才培养为企业提供了稳定的、具备实践经验和专业技能的人才资源，确保了企业在创新领域有足够的人力基础。

（2）快速适应创新环境

随着科技和市场的变化，企业需要不断地适应新的创新环境。而应用型人才往往具备丰富的实践经验和专业技能，能够更快地适应新的创新环境。他们在学校的实践项目中接触到了各种实际问题，培养了解决问题的能力和创新思维，这使得他们能够迅速地适应企业的创新需求，为企业的创新活动提供持续的支持。

（3）提升企业竞争力

拥有稳定的人才储备可以帮助企业更好地保持竞争力。在市场竞争激烈的环境下，企业需要不断地进行创新以保持竞争优势。应用型人才具备实践经验和专业技能，能够为企业提供更具有竞争力的产品和服务，从而提升企业在市场上的地位和声誉。

2.技术支撑的必要性

（1）技术创新的推动

技术是企业创新的核心驱动力之一。随着科技的不断发展，企业需要不断地进行技术创新以满足市场需求和保持竞争力。而应用型人才培养的学生通常具备专业的技术知识和实践能力，能够在企业内部快速理解和应用新技术，推动企业的技术创新。

（2）技术应用的支持

技术支撑还能够为企业的产品和服务提供更好的技术支持。在产品设计、工艺优化等方面，应用型人才可以提供专业的技术建议和解决方案，帮助企业更好地应用技术，提升产品质量和性能，满足市场需求。

（3）市场竞争的需要

在竞争激烈的市场环境下，技术创新是企业保持竞争优势的重要手段之一。

拥有稳定的技术支撑可以帮助企业不断推出具有竞争力的新产品和服务，提升企业在市场上的地位和影响力，实现长期可持续发展。

（二）市场需求与产品优化

1. 紧密结合市场需求

（1）实践项目的价值

应用型人才培养的学生通过参与实践项目，能够直接接触市场，了解实际需求。这些项目往往由企业提出，针对现实问题展开，因此学生在项目中的学习和实践过程中能够深入了解市场的真实情况和用户的需求。

（2）用户反馈的重要性

学生在与企业合作的实践项目中，与真实用户进行交流和互动，从中获得直接的用户反馈。这些反馈是产品优化的重要依据，能够帮助企业更好地了解市场需求，发现产品存在的问题和改进的空间。

2. 提供及时有效的产品改进建议

（1）实践经验的积累

通过参与实践项目和产学研合作，学生积累了丰富的实践经验。他们在项目中解决了各种实际问题，掌握了产品设计、开发和优化的实践技能，能够为企业提供具有操作性和可行性的产品改进建议。

（2）市场洞察力的培养

应用型人才培养注重培养学生的实践能力和市场洞察力。他们在与企业合作的过程中，不仅了解了市场需求和用户反馈，还能够从中分析市场趋势和竞争态势，为企业提供更加全面和深入的产品改进建议。

（三）创新创业与企业发展

1. 培养创新创业能力

（1）学校的创新创业教育

应用型人才培养强调学生的创新创业能力，学校通过开设相关课程和组织创业实践活动，积极培养学生的创业意识和创新思维。这些课程和活动包括创业讲座、创业竞赛、创业导师指导等，为学生提供了理论学习和实践锻炼的机会，激发了学生的创业激情和创新精神。

（2）学生的创业实践

在学校的培养下，学生积极参与创业实践项目，通过创业团队合作，开展市场调研、产品设计、商业模式制定等工作。这些实践项目不仅提升了学生的创新能力和实践经验，也为他们提供了创业的平台和机会，培养了他们的创业精神和创业技能。

2. 推动企业的持续发展

（1）创新创业项目的成果转化

应用型人才培养的创新创业项目往往会产生一系列的创新成果和商业价值，如新产品、新技术、新服务等。这些成果可以通过技术转移、产业孵化等方式转化为实际的商业项目，推动企业的持续发展和增长。

（2）创新创业文化的培育

学校通过创新创业教育，不仅培养了学生的创新创业能力，也在推动创新创业文化的培育。学生毕业后进入企业，能够带来创新思维和创业精神，推动企业内部的创新创业活动，促进企业的发展和进步。

第三节　创新策略在应用型人才培养中的地位

一、创新策略是应用型人才培养的基础

（一）创新教学内容是创新策略的核心

随着社会需求和产业发展的不断变化，高校需要及时调整教学内容，以适应实际需求。

第一，创新教学内容应紧密结合社会需求和产业发展趋势。高校应该密切关注当前社会经济形势和产业发展动向，及时调整课程设置，增设与时俱进的专业课程。例如，在数字化时代，高校可以增设数据分析、人工智能等课程，培养学生对新兴技术的应用能力，提高其就业竞争力。

第二，创新教学内容应注重跨学科融合。在应用型人才培养中，跨学科能力是必不可少的。高校可以通过开设跨学科课程或者组织跨学科项目，让学生从不同学科中获取知识，培养其综合运用知识解决问题的能力。例如，可以将工程学和商科结合，开设工程管理课程，培养学生在工程项目管理中的综合能力。

第三，创新教学内容还应强调实践教学。理论知识的学习固然重要，但能够将理论知识应用到实际中解决问题更为关键。高校可以通过实践性课程设计、实

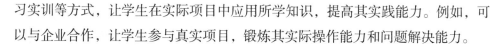

习实训等方式，让学生在实际项目中应用所学知识，提高其实践能力。例如，可以与企业合作，让学生参与真实项目，锻炼其实际操作能力和问题解决能力。

（二）创新教学方法也是创新策略的关键

传统的教学方法已无法适应社会快速发展的需求，高校应不断尝试新的教学方法。例如，可以采用问题导向教学、案例教学等方式，激发学生的学习兴趣，提高他们的学习积极性。此外，还可以借助信息技术手段，如利用互联网资源进行教学，开设在线课程等，提高教学效果，培养学生的实践能力。

（三）创新教学手段也是创新策略的重要组成部分

在高校应用型人才培养中，创新教学方法是创新策略的重要组成部分，对于提高教学效果和培养学生的实践能力具有关键作用。随着社会快速发展，传统的教学方法已经不能满足教学需求，因此高校需要不断尝试新的教学方法。

一种创新的教学方法是问题导向教学。这种教学方法以问题为导向，引导学生通过分析和解决问题来学习知识。通过这种方法，学生不仅能够掌握知识，还能够培养解决问题的能力和创新思维，提高其应对现实工作挑战的能力。

另一种创新的教学方法是案例教学。案例教学通过实际案例来教授知识，让学生在实践中学习。通过分析案例，学生可以深入了解问题的本质和解决方法，培养其分析和解决问题的能力。这种教学方法可以激发学生的学习兴趣，提高其学习积极性。

除了以上教学方法，高校还可以借助信息技术手段来创新教学。例如，利用互联网资源进行教学，开设在线课程等。这些方法可以使教学内容更加生动形象，提高学生的学习效果。同时，信息技术还可以提高教学的灵活性和便利性，方便学生随时随地进行学习，培养其自主学习的能力。

二、创新策略是应用型人才培养的核心

（一）课程设置直接关系到人才培养的方向和目标

随着社会需求和产业发展的变化，高校需要不断调整和优化课程设置，以适应社会的发展需求，培养出更符合社会发展需要的应用型人才。本文将从以下几个方面展开讨论，说明课程设置对于应用型人才培养的重要性。

第一，课程设置应该符合社会需求和产业发展趋势。高校应该密切关注社会的发展变化，及时调整课程设置，增设与时俱进的课程。例如，在当前数字化转

型的背景下，高校可以增设与人工智能、大数据相关的课程，培养学生的信息技术能力，以适应未来社会的需求。

第二，课程设置应该注重实践性。应用型人才需要具备一定的实践能力，在校期间就应该接触到实际问题和项目，培养实践能力。因此，高校应该增设实践性强的课程，如实习课程、项目实践课程等，让学生在实践中学习，提高其实践能力和解决问题的能力。

第三，课程设置应该具有前瞻性和灵活性。随着社会的不断发展，一些新兴的行业和领域不断涌现，高校应该根据这些新兴行业和领域的发展趋势，及时调整课程设置，培养学生适应未来社会发展的能力。同时，课程设置也应该具有一定的灵活性，能够根据学生的兴趣和能力进行调整，让每个学生都能够得到适合自己发展的教育。

（二）教学方法是实现教学目标的重要手段

教学方法在高校应用型人才培养中扮演着至关重要的角色，它直接关系到教学目标的实现和教学效果的提高。针对应用型人才培养的特点，高校应积极探索符合实际需求的教学方法，如问题导向教学、案例教学等，以提高教学质量，激发学生学习兴趣，培养其实践能力和创新意识。

第一，问题导向教学是一种注重学生参与和实践的教学方法。在这种教学模式下，教师将问题引入教学内容中，激发学生的思考和探索欲望，通过解决问题来学习知识和技能。这种教学方法能够培养学生的问题解决能力和创新意识，使其在面对实际问题时能够迅速提出解决方案。

第二，案例教学是一种通过案例分析来进行教学的方法。通过分析真实或虚拟的案例，学生可以更深入地理解和应用所学知识，培养解决实际问题的能力。案例教学还可以激发学生的学习兴趣，使其更加主动地参与到教学过程中。

第三，高校还可以结合信息技术手段，如利用互联网资源进行教学、开设在线课程等，提高教学效果。信息技术的应用不仅可以使教学内容更加生动有趣，还可以拓展学生的学习渠道，培养其信息获取和处理能力。

（三）教师队伍是人才培养的重要保障

在高校应用型人才培养中，教师队伍是人才培养的重要保障。教师不仅仅是知识的传授者，更应该是学生学习和成长的引导者和榜样。因此，高校应该注重培养教师的创新意识和实践能力，不断提升其教学水平，以确保人才培养的质量和效果。

第一，高校应该为教师提供相应的培训和支持。教师在教学过程中面临着不断变化的挑战和需求，需要不断更新自己的知识和教学方法。因此，高校应该为教师提供持续的培训机会，帮助他们掌握最新的教学理念和方法，提升其教学水平和能力。

第二，高校应该鼓励教师参与教学实践和科研活动。通过参与教学实践和科研活动，教师可以更好地将理论知识与实际工作相结合，提高自身的实践能力和创新意识。同时，这也可以激发教师的工作热情和教学激情，提高教学效果。

第三，高校还应该建立健全的教师评价机制，对教师的教学水平和教学效果进行评估。通过评价结果，及时发现教师存在的问题和不足，为其提供改进和提升的机会，进一步提高教师队伍的整体水平。

三、创新策略是应用型人才培养的动力

（一）创新策略能够激发学生的创新意识和创新能力

1. 创新的课程设置

创新的课程设置是创新策略中的关键一环，它能够激发学生的创新意识和创新能力。在应用型人才培养中，课程设置应该贴近实际，注重理论与实践相结合。通过设计具有前沿性和实践性的课程，学生能够接触到最新的知识和技术，激发他们的求知欲和创造力。例如，开设跨学科的课程，让学生接触不同领域的知识，促进思维的碰撞和交流，从而培养出具有跨界创新能力的人才。

2. 创新的教学方法

传统的教学方法往往是单向传授知识，而创新的教学方法注重激发学生的主动性和探究精神。例如，采用问题导向的教学方法，让学生在解决问题的过程中培养创新能力；采用案例教学法，让学生通过分析真实案例来理解和应用知识，激发他们的创新思维。此外，还可以采用团队合作、项目驱动等教学方法，培养学生的团队合作能力和创新能力。

（二）创新策略能够促进学生的实践能力和解决问题的能力

1. 实践性强的教学内容

创新策略通过实践性强的教学内容来促进学生的实践能力和解决问题的能力。这种教学内容通常包括实验、实习、项目等形式，让学生在实际操作中学习

并应用知识。例如，在工程类专业中，学生可能需要参与一些实际的工程项目，从而提高他们的实践能力和解决问题的能力。通过这种方式，学生能够更好地将理论知识应用到实际中，培养解决实际问题的能力。

2. 实践性强的教学方法

创新策略还通过实践性强的教学方法来促进学生的实践能力和解决问题的能力。这种教学方法强调学生的参与性和实践性，让学生通过实际操作来学习。例如，采用问题解决的教学方法，让学生在解决实际问题的过程中学习相关知识和技能。通过这种方式，学生能够提高解决问题的能力，培养创新思维和实践能力。

（三）创新策略能够为学生的发展打下良好的基础

1. 发展学生的潜能

创新策略通过创新的教学环境，能够更好地发展学生的潜能。学生在创新的氛围中，能够更加积极地探索和发现自己的兴趣和优势，从而更好地发挥自己的潜能。例如，通过开展创新项目或参与创业实践，学生可以锻炼自己的创造力和创新能力，为未来的发展奠定良好的基础。

2. 提高学生的学习积极性

创新策略能够激发学生的学习兴趣，提高他们的学习积极性。通过设计新颖的教学内容和方法，能够吸引学生的注意力，激发他们的好奇心和探究欲望。例如，引入实践性强的教学项目，让学生在实践中学习和探索，能够激发他们的学习兴趣，提高他们的学习积极性。

3. 促进学生的全面发展

创新策略能够促进学生的全面发展。通过创新的教学方式和内容，能够培养学生的批判性思维、创新意识和解决问题的能力，使他们在学术、实践和人格等方面得到全面的发展。例如，开设跨学科的课程，让学生接触到不同领域的知识，促进他们的综合发展。

第四节　创新策略在应用型人才培养中的作用

一、提高教学质量

（一）改进教学方法

创新策略在提高教学质量方面起到关键作用。一方面，创新的教学方法可以激发学生的学习兴趣和主动性，提高他们的参与度，从而提高教学质量。另一方面，创新教学方法还可以帮助教师更好地传授知识，使教学过程更加生动有趣，让学生更容易理解和掌握知识。

1. 案例教学

案例教学是一种常用的教学方法，通过实际案例来教授知识和技能。这种教学方法可以帮助学生将理论知识与实际情况相结合，更好地理解和应用所学知识。同时，案例教学还可以培养学生的分析和解决问题的能力，提高他们的实践能力。

2. 问题导向学习

问题导向学习是一种以问题为中心的教学方法，通过提出问题来引导学生学习。这种教学方法可以激发学生的思维和探究欲望，帮助他们更深入地理解知识。通过解决问题的过程，学生不仅可以掌握知识，还可以培养解决实际问题的能力。

（二）提高教学效果

创新策略还可以通过引入先进的教学技术和工具来提高教学效果，增强学生的学习体验，从而进一步提高教学质量。

1. 在线教育平台

在线教育平台为教师提供了丰富多样的教学资源和工具，可以帮助教师更好地设计和开展教学活动。通过在线教育平台，教师可以向学生提供更加生动、直观的教学内容，从而提高教学效果。

2. 虚拟实验室

虚拟实验室是一种利用计算机技术模拟真实实验过程的教学工具。通过虚拟实验室，学生可以在没有实际实验设备的情况下进行实验操作，从而更好地理解实验原理和方法。虚拟实验室不仅可以提高实验教学的效果，还可以降低实验成本，提高教学效率。

二、培养学生的实践能力和创新精神

（一）实践性强的教学内容和方法

实践性强的教学内容和方法是培养学生实践能力和创新精神的重要途径之一。通过实验、实习、项目等实践性强的教学内容和方法，学生可以在实际操作中学习并应用知识，从而提高解决实际问题的能力。

1. 实验

实验是培养学生实践能力的重要途径之一，尤其在应用型人才培养中具有重要意义。通过实验，学生可以将在课堂上学到的理论知识应用到实际操作中，从而加深对知识的理解和掌握。实验不仅可以帮助学生将抽象的理论转化为具体的实践，还可以培养学生的观察、分析和解决问题的能力。在实验过程中，学生需要通过观察、实验操作和数据分析等环节，全面地掌握实验的过程和结果，培养了解决实际问题的能力。此外，实验还可以培养学生的团队合作能力和创新精神。在团队合作的实验中，学生需要相互协作、分工合作，共同完成实验任务，培养了团队合作的能力。同时，实验也需要学生不断探索和创新，寻找最优解决方案，培养了学生的创新意识和创新能力。

2. 实习

实习是学生在校外机构或企业进行的一段时间的实际工作经历，是将理论知识应用于实践的重要途径之一。通过实习，学生可以接触到真实的工作环境和工作内容，了解实际工作中的需求和挑战，从而提高自己的实践能力和适应能力。实习可以帮助学生将在课堂上学到的理论知识与实际工作相结合，更加深入地理解和掌握所学知识。同时，实习也可以帮助学生建立起与企业或机构的联系，为将来就业打下良好的基础。在实习过程中，学生还可以学习到实际工作中的技能和经验，提高自己的职业素养和综合能力。总的来说，实习是学生走出校园、融入社会的重要途径，通过实习，学生可以更好地适应社会发展的需要，为未来的职业发展奠定坚实的基础。

3. 项目

参与项目可以帮助学生锻炼团队合作能力、组织管理能力和解决问题的能力，同时也有助于培养学生的创新意识和创新能力。在项目中，学生需要与他人合作，共同制定实施方案，分工合作，充分发挥每个人的长处，达成项目目标。在这个过程中，学生不仅学会了如何与他人合作，还学会了如何有效地组织和管理项目，培养了自己的领导能力和组织能力。同时，项目的实施过程中常常会遇到各种问题和挑战，这要求学生具备一定的解决问题的能力和应变能力，培养了学生的问题解决能力。另外，项目还要求学生具备创新意识和创新能力，因为只有不断地创新，才能在项目中获得更好的成果。因此，项目不仅是学生综合能力的锻炼场所，也是培养学生创新精神和创新能力的重要途径。通过参与项目，学生可以全面提升自己的能力，更好地适应未来社会的发展需要。

（二）开展创新项目、参与创业实践

开展创新项目和参与创业实践是培养学生创新意识和创新能力的重要途径。通过开展创新项目，学生可以提出新颖的想法、解决实际问题，培养创新思维和创新能力。参与创业实践可以让学生接触到创业的全过程，了解创业的挑战和机遇，从而为将来的创业打下基础。

1. 创新项目

学校可以组织学生开展各种类型的创新项目，如科技创新项目、社会实践项目等，这对于学生的综合能力提升和创新精神培养具有重要意义。首先，参与创新项目可以帮助学生提高自己的创新能力。在创新项目中，学生需要面对各种挑战和问题，需要不断地寻找新的解决方案和创新点，这有助于激发学生的创新思维和创造力。其次，参与创新项目还可以培养学生的解决问题的能力。在项目实施过程中，学生需要分析问题、找出问题的根源，并提出解决方案，这有助于培养学生的问题分析和解决能力。此外，参与创新项目还可以培养学生的团队合作精神。在项目中，学生需要与他人合作、协调工作，共同完成项目目标，这有助于培养学生的团队合作意识和沟通能力。

2. 参与创业实践

学校可以通过鼓励学生参与创业实践来培养其创业意识和创业能力。为了达到这一目的，学校可以开设创业课程，教授学生创业的基本知识、技能和方法。这些课程可以帮助学生了解创业的过程和要点，培养其创业思维和创新能力。此外，学校还可以举办创业大赛，为学生提供一个展示自己创业想法和能力的平台。通过参与创业大赛，学生可以学习如何制定创业计划、策划市场营销、管理团队等实际创业技能，从而为将来的创业做好准备。参与创业实践不仅可以培养学生

的创业意识和创业能力，还可以锻炼其团队合作能力、组织管理能力和解决问题的能力。通过这些实践，学生可以更好地了解自己的兴趣和能力，并为将来的职业发展做出更明智的选择。因此，学校应该加强对学生创业实践的引导和支持，为他们提供更多展示自己的机会，促进其全面发展。

三、推动教育教学改革

（一）促进教育教学改革

创新策略在推动教育教学改革方面发挥着重要作用。它能够帮助高校引入新的教学理念和方法，促进教育模式的转变，为应用型人才培养提供更有效的途径。

1. 引入创新的教学理念和方法

引入创新的教学理念和方法是高校推动教育教学改革的重要途径之一。通过引入问题驱动学习、跨学科教学等创新理念和方法，可以有效促进教育教学的改革和创新。问题驱动学习是一种以问题为导向的学习方式，强调学生通过解决实际问题来学习知识和技能。这种学习方式能够激发学生的学习兴趣，提高他们的学习动机和参与度，从而提高教学效果。另外，跨学科教学则是将不同学科的知识和方法结合起来进行教学，强调知识的整合和交叉应用。这种教学方式可以帮助学生更好地理解知识，培养他们的综合能力和创新能力。

2. 适应社会发展的需要

随着社会的不断发展和变化，高校在培养人才方面也面临着新的挑战和需求。为了更好地适应社会发展的需要，高校需要不断调整教育教学内容和方法，以培养适应社会发展需要的人才。创新策略在这一过程中发挥着重要作用。首先，创新策略可以帮助高校及时调整教育教学内容和方法。通过引入新颖的教学理念和方法，如问题驱动学习、跨学科教学等，高校可以更好地满足社会对人才的需求，培养出更加适应社会发展需要的人才。其次，创新策略可以帮助高校保持教育教学的前沿性和实用性。随着科技的不断进步和社会的快速发展，教育教学内容和方法也需要不断更新和改进。创新策略可以帮助高校及时调整教育教学内容和方法，保持其在教育领域的领先地位，确保教育教学的实用性和有效性。

（二）促进教师队伍建设

创新策略不仅可以促进教育教学改革，还可以促进教师队伍建设，激发教师的创新意识和教学热情，推动教育教学改革的深入发展。

1. 提升教师的创新意识和教学热情

首先，组织教师参加各类培训是关键的一步。这些培训可以涵盖教学理论、教学方法、课程设计等方面的内容，帮助教师不断更新知识和提升能力。其次，开展教学研讨活动也是提升教师创新意识和教学热情的有效途径。在这些活动中，教师可以分享教学经验，探讨教学方法，激发出更多的教学创新点子。此外，建立起教学观摩机制也能起到促进教师创新的作用。通过观摩其他教师的课堂教学，教师们可以学习到不同的教学方式和方法，启发出自己的创新思维。最后，鼓励教师参与科研活动也是提升教师创新意识的有效途径。科研活动可以让教师深入学术领域，了解最新的研究成果，激发出更多的教学创新灵感。

2. 改善教师的教学条件

创新策略可以通过提供先进的教学设备和技术支持来实现这一目标。首先，提供先进的教学设备可以有效地改善教学环境。例如，智能黑板、多媒体教室等先进设备的运用，可以使课堂教学更加生动和具有吸引力，激发学生的学习兴趣。同时，这些设备也可以提高教师的教学效率，使其更加便捷地展示教学内容，提高教学效果。其次，提供技术支持也是改善教学条件的重要举措。现代技术的快速发展为教学提供了更多可能性，如利用互联网资源进行教学、使用教学软件进行教学设计等。提供技术支持可以使教师更好地利用这些现代技术手段，提高教学效果，激发教学创新。

第三章　基于应用型人才培养课程体系
与教学内容的创新

第一节　应用型人才培养课程体系创新设计

一、课程体系概述

（一）紧密结合行业需求和学生需求

1. 紧密结合行业需求和学生需求

（1）深入了解行业发展趋势和变化

应用型人才培养课程体系的设计需要以深入了解行业的发展趋势和变化为基础。只有对行业的发展方向、技术需求、市场变化等有着全面深入的了解，才能够有效地设计出符合当前和未来行业需求的课程内容和结构。这就要求教育机构与行业内的企业、专家进行密切合作，通过行业调研、座谈会、实地考察等方式获取最新的行业信息和反馈，及时调整和优化课程设置。

（2）结合学生专业背景和职业规划

不同专业的学生具有不同的学习能力、兴趣爱好和职业志向，因此课程设置应该根据学生的特点进行个性化设计，既要满足行业需求，又要符合学生的学习需求和发展方向。这就需要教育机构通过调查问卷、座谈会等方式了解学生的需求和期望，从而设计出更加符合学生需求的课程内容和结构。

2. 深度合作与持续优化

（1）与行业专家和企业密切合作

为了确保课程体系与行业需求紧密结合，教育机构需要与行业内的专家和企业建立深度合作关系。这种合作关系不仅可以帮助教育机构及时获取行业内最新的发展动态和需求变化，还可以为教育机构提供实践经验和案例，帮助教师更好地设计和开展教学活动。同时，行业专家和企业还可以参与课程评估和调整，提供反馈意见，帮助教育机构不断优化课程内容和结构。

（2）持续调整与优化课程内容和结构

行业的发展是一个不断变化的过程，教育课程也需要与时俱进，不断调整和优化。因此，教育机构应该建立起一套科学的课程评估和调整机制，定期对课程内容和结构进行评估，根据评估结果及时调整和优化课程。这样可以确保课程内容和结构始终与行业需求和学生需求保持紧密结合，为培养出更多高素质应用型人才奠定坚实基础。

（二）理论与实践相结合

1.理论教学与实践操作的有机结合

（1）理论教学的重要性

理论知识是学生学习的基础。在课程设计中，应该注重对理论知识的系统讲解和深入理解，为学生提供扎实的理论基础。这样可以帮助学生更好地理解专业知识的内涵和外延，为将来的实践操作打下坚实的基础。

（2）实践操作的重要性

实践操作是将理论知识应用到实际工作中的重要途径。通过实践操作，学生能够将所学理论知识应用到实际工作中，提高解决问题的能力和实际操作能力。实践操作还可以帮助学生培养观察、分析和解决问题的能力，提高学生的实际工作能力。

2.促进学生学习兴趣和学习效果

（1）提高学习兴趣

理论与实践的结合可以有效地提高学生的学习兴趣。在课程设计中，应该注重实践操作的设置，让学生能够亲身参与到实际工作中，体验专业知识的应用乐趣，从而激发学生学习的热情。

（2）提高学习效果

理论与实践的结合还可以提高学习效果。通过实践操作，学生能够将所学理论知识运用到实际工作中，加深对知识的理解和掌握，提高学习效果。同时，实践操作还可以帮助学生更好地记忆和应用所学知识，提高学习的实效性。

（三）跨学科融合

1.项目式学习任务

项目式学习任务是一种以项目为核心的学习方法，旨在通过学生参与真实世界的问题解决或创新性任务，促进跨学科知识的融合和综合能力的培养。这种学习任务不仅要求学生运用所学知识，还需要他们跨越不同学科的界限，整合多种学科的知识和技能，解决复杂的问题或完成具有挑战性的任务。项目式学习任务能够激发学生的学习兴趣，提高他们的学习动机和参与度，培养他们的问题解决能力、创新能力和团队合作精神。

（1）挑战性和综合性

项目任务应当具有一定的挑战性，能够激发学生的思维和求知欲。挑战性的任务可以激发学生的学习兴趣，促使他们积极探索解决问题的方法。

同时，项目任务也应具有综合性，涉及多个学科领域的知识和技能。这样的任务能够让学生从多个角度思考问题，综合运用各种学科知识解决复杂的现实问题。

（2）真实性和应用性

项目任务应具有一定的真实性，与学生的现实生活或职业发展密切相关。真实的任务能够让学生感受到学习的实际意义，增强学习的动机和积极性。

同时，任务也应具有一定的应用性，能够让学生将所学知识和技能应用到实际问题的解决中。应用性的任务能够让学生感受到知识的实际运用，提高他们解决实际问题的能力。

（3）跨学科性

项目任务应跨越不同学科领域，涉及多种学科的知识和技能。跨学科性的任务能够促进不同学科之间的知识融合和整合，培养学生的跨学科思维和综合能力。

例如，在设计一个关于可持续发展的项目时，可以涉及地理学、经济学、环境科学等多个学科领域的知识，要求学生综合运用这些知识，提出可行的可持续发展方案。

2.跨学科课程设置

跨学科课程设置是一种将不同学科领域的内容融合在一起进行教学的方式，旨在帮助学生更好地理解知识的关联性和应用性，培养他们的跨学科综合能力和创新思维。这种课程设置打破了传统学科之间的界限，促进了知识的交叉和整合，为学生提供了更加丰富和综合的学习体验。

（1）整合性和关联性

跨学科课程应该将不同学科领域的内容有机地整合在一起，强调各学科之间的关联性和相互作用。这种整合性设计有助于学生建立全面的知识体系，理解学科之间的相互联系，从而提高他们的综合素养和解决问题的能力。例如，一门跨学科的科技与人文课程可以结合科学、技术、社会学和文学等多个学科，探讨科技发展对社会、文化和人类生活的影响。

（2）实践性和应用性

跨学科课程应该注重实践性和应用性，让学生通过实际问题解决和项目实践等活动，将所学知识应用到实际生活中去。这种实践性和应用性的设计有助于学生将抽象的理论知识转化为实际技能和行动能力，提高他们的实际应用能力和解决问题的能力。例如，一门跨学科的可持续发展课程可以组织学生开展实地考察和社区服务活动，让他们深入了解可持续发展理念，并通过实践行动促进社会的可持续发展。

（3）学生参与性和体验性

跨学科课程设计应注重学生的主体地位，提倡学生参与式的学习方式，让学生在实践中探索、体验和发现知识，激发他们的学习兴趣和动机。这种学生参与性和体验性的设计有助于激发学生的学习热情和主动性，提高他们的学习积极性和学习效果。例如，一门跨学科的创新设计课程可以采用项目驱动的教学模式，让学生通过团队合作和实践项目，自主探索和学习创新设计的理论和方法，培养他们的创新思维和实践能力。

二、课程目标明确

（一）设定明确的学习目标

1.知识目标

在应用型人才培养课程体系中，知识目标的设定至关重要。首先，知识目标应该与当前行业的需求和发展趋势紧密相连。这意味着课程设置应该涵盖行业的最新发展动态和前沿知识，以确保学生在学习过程中能够获得最新的专业知识。其次，知识目标应该包括学生掌握相关理论知识的能力。这不仅包括对基本理论的理解，还包括对理论知识的应用能力，即学生能够将所学理论知识运用到实际问题的解决中。最后，知识目标还应该注重学生对专业技能和方法的掌握。这包括实际操作技能、实验技能、分析技能等，这些技能是学生在未来工作中必不可少的能力。因此，课程设置应该确保学生在学习过程中有机会接触和掌握这些专业技能和方法。

2. 技能目标

技能目标在应用型人才培养课程体系中具有重要意义。这些目标涵盖了学生在课程学习中需要掌握的实际操作技能，这些技能对于学生将来在实际工作中能够顺利应用所学知识至关重要。技能目标的设定应该紧密结合行业需求和学生实际需求，确保培养出具备实际操作能力的高素质人才。这些技能目标可以包括但不限于以下几个方面：首先，技能目标应该明确指出学生在课程学习中需要掌握的基本操作技能。这包括实验操作技能、实际操作技能等，学生通过课程学习和实践活动，能够熟练掌握相关的操作技能，为将来的工作打下基础。其次，技能目标还应该包括学生需要具备的创新能力和问题解决能力。随着社会的不断发展，行业需求也在不断变化，学生需要具备不断创新和解决问题的能力，才能适应未来的工作环境。最后，技能目标还应该注重学生的团队合作能力和沟通能力。在实际工作中，团队合作和沟通能力是非常重要的，学生需要通过课程学习和实践活动，培养和提高这些能力，为将来的工作做好准备。

3. 态度目标

培养学生正确的职业态度和价值观是应用型人才培养的重要目标之一。学生应该具备良好的沟通能力、团队合作精神和创新意识，这些都是他们未来在职场中所必需的素质。首先，学生应具备良好的沟通能力。在职场中，良好的沟通能力是非常重要的，它不仅可以帮助学生更好地与同事合作，还可以帮助他们更好地与客户沟通，提高工作效率和质量。其次，学生应具备团队合作精神。团队合作是现代社会工作的一种重要形式，学生需要在团队中学会相互合作、相互支持，共同完成任务，这样才能更好地适应职场的工作环境。最后，学生应具备创新意识。随着社会的不断发展，创新已经成为推动社会进步的重要力量。学生需要具备创新意识，不断提出新的想法和解决问题的方法，这样才能在职场中脱颖而出，取得更好的发展。

（二）学习目标与社会需求对接

1.社会需求分析

社会需求包括行业的发展趋势、就业市场的需求以及社会对人才的综合要求。首先，社会对人才的需求受到行业发展趋势的影响。不同行业在不同发展阶段对人才的需求也不同，随着科技的进步和社会的变化，一些新兴产业可能会对具有特定技能和知识的人才有更高的需求，而一些传统产业则可能需要更多具备实践经验和解决问题能力的人才。其次，就业市场的需求也是确定学生所需具备的能力和素质的重要依据。随着经济的发展和产业结构的调整，就业市场对人才的需求也在不断变化。一些新兴行业和职业可能会对具备创新意识、团队合作能力和跨学科知识的人才有更高的需求，而一些传统行业则可能需要更多具备实际操作能力和沟通能力的人才。最后，社会对人才的综合要求也在不断提高。除了专业知识和专业技能外，社会对人才的综合素质也提出了更高的要求，包括良好的沟通能力、团队合作精神、创新意识、责任感和社会责任感等。这些综合素质对于学生未来的职业发展和社会适应能力都具有重要意义。

2.学习目标调整

根据社会需求的分析结果，对学习目标进行调整是十分必要的。这样的调整应当以灵活性和实效性为原则，确保学生在毕业后能够顺利就业并在工作中取得成功。首先，调整学习目标需要考虑到当前行业的需求和未来发展趋势。随着科技和社会的不断发展，行业需求也在不断变化。因此，学习目标应该紧密结合行业发展的最新趋势，确保学生所学知识和技能符合未来社会的需求。其次，调整学习目标还需要考虑到学生个体的特点和职业规划。不同学生有着不同的兴趣爱好、专业背景和职业规划，因此学习目标的调整应该考虑到学生的个性化需求，使之能够更好地满足学生的成长需求。最后，调整学习目标需要注重实效性，即学习目标的调整应该能够确保学生在学习过程中能够真正掌握所需知识和技能，并能够在实际工作中得以应用。因此，学习目标的调整需要与实际工作需求相结合，确保学生毕业后能够顺利就业并在工作中有所作为。

3.教学方法与手段

教师可以灵活运用各种教学方法和手段，结合课堂教学、实践操作和项目实施等多种教学方式，从而提高教学效果。首先，课堂教学是传授理论知识的主要方式。教师可以通过讲解、演示、讨论等方式，使学生掌握理论知识，并将其应用到实际问题中。此外，教师还可以组织案例分析、角色扮演等活动，帮助学生理解和应用知识。其次，实践操作是培养学生实际操作能力的重要手段。通过实验、实习等方式，学生可以将课堂所学知识应用到实际操作中，提高实际操作能力和解决问题的能力。教师可以组织实验课程、实习项目等活动，让学生亲身体验，并及时给予指导和反馈。最后，项目实施是培养学生综合能力和团队合作精神的有效途径。通过参与项目，学生可以锻炼自己的团队合作能力、组织管理能力和解决问题的能力。教师可以设计项目任务，指导学生团队合作，并及时评价学生的表现，促进其全面发展。

三、课程设置科学合理

（一）科学合理的课程设置

1. 完整结构

科学合理的课程设置应该包括完整的课程结构，以满足学生全面发展的需要。首先，基础课程是构建学生学习体系的基础，它们为学生提供了必要的学科知识和理论基础，帮助他们建立扎实的学习基础。其次，专业核心课程是学生专业学习的重要组成部分，它们涵盖了专业领域的核心知识和技能，为学生未来的职业发展打下坚实的基础。最后，选修课程则可以根据学生的兴趣和职业规划进行选择，帮助他们进一步拓展知识面，培养综合素质。这样的完整结构能够全面培养学生的能力，使其具备应对未来挑战的能力和素质。

2. 内容丰富

课程设置应该注重内容的丰富性，这包括理论知识的传授和实践操作等多方面内容的融合。首先，理论知识的传授是课程的基础，通过系统的理论学习，学生可以建立起扎实的学科基础，形成完整的学习体系。其次，实践操作和项目实施等实践环节则是课程的重要组成部分，通过这些实践活动，学生可以将所学理论知识应用到实际中，提高实际操作能力和解决问题的能力。同时，丰富多样的教学内容可以激发学生的学习兴趣，使他们更加主动地参与到学习过程中，提高教学效果。通过丰富多样的内容设置，可以全面提升学生的综合素质，为其未来的发展打下坚实的基础。

（二）课程设置与社会需求契合

1. 及时调整

随着社会的不断发展和变化，行业对人才的需求也在不断变化。这就要求高等教育机构必须及时调整课程设置，使之与社会需求保持同步。课程设置的及时调整包括两个方面的内容：一是课程内容的更新和优化，二是课程结构的调整和完善。

（1）课程内容的更新和优化

随着科技的进步和社会的发展，一些新的知识和技术不断涌现，这就要求课程内容要及时更新，保持与时俱进。教育机构应该密切关注行业的发展动态和前沿技术，结合实际情况对课程内容进行优化和调整，确保学生所学内容具有实用性和前瞻性。

（2）课程结构的调整和完善

随着社会的发展，一些新的职业岗位和工作模式不断涌现，这就要求课程结构要灵活多样，能够满足不同学生的需求。教育机构应该根据社会需求和学生反馈，对课程结构进行调整和完善，使之更加符合社会的需求和学生的实际情况。

2. 与行业对接

为了确保课程设置与行业需求对接，教育机构需要采取一系列措施，包括与行业建立紧密联系、了解行业发展趋势、调整课程设置等。首先，教育机构应与行业相关的企业、协会和专家保持密切联系，定期邀请行业专家参与课程设置的讨论和设计，获取行业内部的最新信息和实际案例，以便及时调整课程内容和设置。其次，教育机构还可以通过开展实地考察、实习实践等活动，让学生深入了解行业的运作模式和实际工作要求，从而更好地为他们的就业提供保障。另外，教育机构还可以通过参与行业会议和展览等方式，及时了解行业的发展动态和技术要求，以便及时调整课程设置，确保培养出符合行业需求的高素质人才。总的来说，课程设置与行业需求的对接是教育机构适应社会发展需要的重要举措，只有做好这方面的工作，才能更好地培养出适应社会发展需求的人才，为社会和经济发展做出贡献。

四、注重实践环节

（一）实践环节的重要性

实践环节在应用型人才培养课程体系中扮演着至关重要的角色。通过实践环节，学生能够将抽象的理论知识转化为具体的实际操作能力，从而提高解决实际问题的能力。实践环节包括实验、实习、项目等形式，这些活动不仅可以帮助学生巩固所学知识，还能培养学生的创新意识和团队合作精神。因此，科学合理地设置实践环节，对于培养学生的实际操作能力和解决问题的能力至关重要。

1. 实验环节的意义

实验是实践环节中重要的一部分，通过实验，学生可以通过亲自动手操作，加深对理论知识的理解。实验不仅可以帮助学生巩固所学的知识，还能培养学生的观察、分析和解决问题的能力。因此，在课程设计中，应该合理安排实验环节，注重实验内容的设计和实验方法的指导，以提高实验教学的效果。

2. 实习环节的重要性

实习是实践环节中的另一个重要组成部分，通过实习，学生可以在真实的工作环境中接触到实际工作内容和要求，了解行业的发展动态和实际工作中的需求。实习可以帮助学生将理论知识应用到实际工作中，提高实际操作能力和解决问题的能力。因此，设计合适的实习环节，对于学生的职业发展具有重要意义。

3. 项目环节的价值

项目是实践环节中的一种形式，通过项目，学生可以在团队合作的环境中解决实际问题，培养学生的团队合作精神和创新意识。项目环节不仅可以帮助学生将理论知识应用到实际中，还能培养学生的项目管理能力和解决复杂问题的能力。因此，设计具有挑战性和实践性的项目，对于培养学生的综合素质和创新能力具有重要意义。

（二）实践环节与理论知识结合

1. 实践环节的设计原则

在设计实践环节时，有几个重要的原则需要遵循，以确保其能够有效地与理论知识结合，为学生提供全面的学习体验。首先，实践环节的内容应与课程的理论知识密切相关，能够帮助学生将理论知识应用到实际操作中。这意味着实践任务应该具有一定的挑战性，能够促使学生动手解决实际问题，从而加深对理论知识的理解和记忆。其次，实践环节应具有一定的实践性，即学生在实践中能够亲身体验到所学知识的实际应用价值。这可以通过安排与行业合作的实践项目或实习机会来实现，使学生能够在真实的工作环境中应用所学知识，提高其实际操作能力和解决问题的能力。另外，实践环节还应具有一定的灵活性，能够根据学生的实际情况和学习需求进行调整和优化。这意味着教育机构应该根据行业需求和学生反馈及时调整实践环节的内容和形式，确保其与当前社会和行业的发展趋势保持一致，为学生提供更加实用和有针对性的实践经验。

2. 实践环节与解决问题能力的培养

在实践环节中，学生不仅可以巩固所学的理论知识，还可以培养解决问题的能力。通过实际操作和项目实施，学生将面临各种实际情境，需要运用所学知识分析问题、制定解决方案，并将其付诸实践。这种过程不仅可以增强学生的实践能力，还可以培养其创新意识和解决问题的能力。

第一，实践环节可以帮助学生培养问题意识。在实际操作中，学生会遇到各种问题和挑战，需要学会从不同角度去分析和理解问题，这有助于培养学生敏锐的问题意识。

第二，实践环节可以锻炼学生的解决问题能力。通过实际操作，学生需要动手解决实际问题，这要求他们能够运用所学知识和技能，提出合理的解决方案，并将其付诸实施。这种过程可以帮助学生培养解决问题的能力和实际操作能力。

第三，实践环节还可以培养学生的创新精神。在实践过程中，学生需要不断探索和尝试新的方法和思路，这有助于培养他们的创新意识和创新能力，使他们能够在未来的工作中具有竞争优势。

总的来说，实践环节是培养学生解决问题能力的重要途径。通过实践操作和项目实施，学生不仅可以巩固所学知识，还可以培养解决问题的能力和创新精神，使他们能够在未来的工作中取得更好的成绩。

3. 实践环节对专业素质的提升

在实践环节中，学生不仅可以提高实际操作能力和解决问题的能力，还可以提升专业素质。实践操作可以让学生更加深入地了解所学专业的实际需求和应用场景，从而提高其在相关领域的专业水平。首先，实践环节可以帮助学生将理论知识转化为实际操作能力。通过实际操作，学生可以将在课堂上学到的理论知识应用到实际工作中，从而更好地理解和掌握所学内容。其次，实践环节可以提高学生的问题解决能力。在实践过程中，学生会面临各种问题和挑战，需要运用所学知识和技能来解决问题,这有助于提高他们的问题解决能力和应变能力。另外,实践环节还可以培养学生的创新意识和团队合作精神。在实践项目中,学生需要不断探索和尝试新的方法和思路,同时与团队成员合作完成任务,这有助于培养他们的创新意识和团队合作能力。

第二节　应用型人才培养教学内容更新与优化

一、教学内容更新

(一)理论知识更新

1. 理论知识更新的重要性

随着科技和社会的迅速发展,传统的理论知识在满足现代社会需求方面可能存在不足。因此,教学内容的更新显得尤为重要。及时更新最新的理论知识,不仅可以帮助学生更好地理解行业的前沿动态,把握行业发展的脉搏,还能够为他们将来的就业和创业做好充分的准备。

在当今信息爆炸的时代,知识的更新速度越来越快,新技术、新理论层出不穷。如果教学内容停留在过去的知识体系中,很难适应当今社会的发展需求。因此,教学内容的更新显得尤为迫切和必要。

教学内容的更新不仅仅是简单地替换旧知识为新知识,更重要的是要将最新的理论知识与实际工作相结合,使之具有实践性和可操作性。这样一来,学生不仅可以学习到最新的理论知识,还能够通过实践操作,将所学知识应用于实际工作中,提高解决问题的能力和实际操作能力。另外,随着社会经济的不断发展,行业的变革和创新也在不断加速。如果教学内容无法及时更新,就很难满足社会对人才的需求。因此,教师需要密切关注行业的发展动态,不断学习和积累最新的理论知识,及时更新教学内容,保持教学内容的新颖性和实用性。

2. 如何获取最新的理论知识

教师获取最新的理论知识是保持教学内容更新的重要途径之一。为了获取最新的理论知识,教师可以采取多种途径和方法:

第一,教师需要持续关注相关领域的学术研究和最新成果。这包括阅读学术期刊、参加学术会议、关注学术网站和社交媒体等。通过阅读学术期刊,教师可以了解到最新的研究成果和理论动态，及时了解行业的前沿动态和趋势。同时，参加学术会议也是获取最新理论知识的重要途径之一。在学术会议上，教师可以与同行进行深入交流和讨论，了解最新的研究成果和理论动态，获取第一手资料。

第二，与行业内的专家学者保持联系也是获取最新理论知识的重要途径。教师可以通过参加行业研讨会、学术交流活动等方式，与行业内的专家学者进行联系和交流。通过与专家学者的交流和合作，教师可以第一时间了解到最新的研究成果和理论动态，为更新教学内容提供参考依据。

第三，教师还可以利用互联网和社交媒体等渠道，获取最新的理论知识。在互联网上，有许多学术网站和学术论坛，教师可以通过这些网站和论坛了解最新的研究成果和理论动态。同时，教师还可以通过关注学术界和行业内的专家学者在社交媒体上的动态，获取最新的理论知识。

3. 如何将最新的理论知识融入教学内容中

将最新的理论知识融入教学内容中是教师的重要任务之一。为了做到这一点，教师需要具备一定的能力和技巧。首先，教师需要对最新的理论知识进行深入的学习和理解。这包括阅读相关文献、参加相关研讨会和讲座，以确保自己对这些知识有着全面和深入的了解。只有深入理解了最新的理论知识，教师才能将其有效地传授给学生。其次，教师需要灵活运用各种教学方法和手段，将最新的理论知识生动地呈现给学生。例如，可以通过案例分析来讲解理论知识，让学生通过分析实际案例来理解理论的应用。此外，教师还可以通过讨论互动的方式，引导学生深入思考和讨论最新的理论知识，加深他们的理解和应用能力。另外，实地考察也是将最新理论知识融入教学内容的有效方式。通过实地考察，学生可以亲自感受和体验最新理论知识的应用，从而更好地理解和掌握这些知识。

（二）实践案例更新

1. 实践案例更新的意义

随着社会的不断发展和变化，实践案例也在不断更新。通过引入最新的实践案例，可以帮助学生更好地把握行业的最新动态和趋势，增强他们的实际操作能力和解决问题的能力。

最新的实践案例能够使学生更好地了解当前行业的现状和发展趋势，帮助他们建立起对行业的正确认识。通过实践案例的学习，学生可以将抽象的理论知识转化为具体的实践能力，提高他们的问题分析和解决能力。同时，实践案例还可以培养学生的创新意识和实践能力，使他们具备在实际工作中独立思考和解决问题的能力。此外，实践案例还可以为学生的职业发展打下坚实的基础。通过学习和分析实践案例，学生可以了解到不同行业的运作模式和管理方法，为将来的就业和创业做好充分的准备。实践案例还可以帮助学生建立起正确的职业观念和职业道德，使他们成为具有社会责任感和创新精神的优秀人才。

2. 如何获取最新的实践案例

为了获取最新的实践案例，教师可以采取以下方法：首先，教师可以通过行业研究报告、企业年报、专业期刊等途径收集相关案例。这些途径可以帮助教师了解到当前行业的最新发展动态和趋势，从而获取到最新的实践案例。通过收集相关资料，教师可以及时更新教学内容，保持教学内容的新颖性和实用性。其次，教师还可以与企业建立合作关系，定期邀请企业代表来校进行案例分享，或安排学生到企业实地考察，获取最新的实践案例。与企业建立合作关系可以帮助教师了解到企业的最新运作模式和管理方法，为教学提供真实可靠的案例素材。通过与企业的合作，教师可以将理论知识与实际工作相结合，提高教学的实践性和可操作性。另外，教师还可以通过参加行业研讨会、学术会议等方式，与同行交流，了解最新的实践案例。在学术会议上，教师可以与同行进行深入交流和讨论，了解到最新的研究成果和实践案例，为更新教学内容提供参考依据。通过与同行的交流，教师可以不断积累最新的实践案例，为教学提供更加丰富的案例素材。

3. 如何设计相关案例分析课程

为了设计出高质量的案例分析课程，教师需要具备以下方法和技巧：首先，教师需要根据课程的实际情况和学生的需求，选择合适的实践案例。选择案例时，教师可以考虑案例的实际性、典型性和教学价值，确保案例能够真实反映行业的现状和问题，引发学生的兴趣和思考。此外，教师还可以根据课程的目标和内容，选择与之相匹配的实践案例，使案例与课程内容紧密结合，有助于学生理解和运用所学知识。其次，教师需要深入研究案例，把握案例的核心问题和教学重点。在设计案例分析课程时，教师应该对案例进行深入分析，了解案例背景、问题和解决方案，把握案例的教学价值和难点。同时，教师还应该确定案例分析的重点和要点，设计合适的教学活动和问题，引导学生深入思考和讨论，提高他们的分析和解决问题的能力。最后，教师需要及时反馈学生的学习情况，帮助他们更好地理解和应用案例。在案例分析过程中，教师可以及时关注学生的学习情况，根据学生的表现给予及时的指导和反馈，帮助他们克服困难，提高学习效果。同时，教师还可以组织讨论和交流活动，让学生分享自己的观点和思考，促进彼此之间的学习和进步。

（三）最新技术和行业动态

1.最新技术和行业动态的重要性

随着科技的不断发展和进步，新技术的出现和应用已经深刻地改变了各行各业的发展方式和模式。了解最新技术和行业动态对于学生具有重要意义。首先，了解最新技术和行业动态有助于学生了解行业发展趋势。随着科技的不断进步，各行各业都面临着快速变化的挑战。了解最新技术的发展和应用情况，可以帮助学生预测行业的发展方向，把握市场的脉搏，为自己的未来发展做出正确的判断和规划。其次，了解最新技术和行业动态有助于学生把握未来就业方向。随着新技术的不断涌现，市场对人才的需求也在不断变化。了解最新技术的发展趋势，可以帮助学生及时调整自己的学习和发展方向，提高自己的就业竞争力，抢占先机。再次，了解最新技术和行业动态有助于学生提高实际应用能力。新技术的应用往往需要具备一定的实际操作能力和解决问题的能力。通过了解最新技术的发展和应用情况，学生可以更好地理解理论知识，提高自己的实际操作能力和解决问题的能力，为将来的工作和研究打下良好的基础。

2.如何获取最新技术和行业动态

获取最新技术和行业动态对于教师更新教学内容和指导学生具有重要意义。为了获取最新技术和行业动态，教师可以采取以下方法和途径：首先，教师可以通过关注相关领域的学术研究和最新成果来获取最新技术和行业动态。教师可以定期阅读学术期刊、参加学术会议和研讨会，了解最新的研究成果和理论动态。通过与同行的交流和讨论，教师可以及时了解到最新的技术和行业动态，为教学提供参考依据。其次，教师还可以通过与企业建立合作关系，邀请行业专家来校举办讲座和交流，获取最新技术和行业动态。与企业建立合作关系可以帮助教师了解到企业的最新运作模式和管理方法，为教学提供真实可靠的案例素材。通过与企业的合作，教师可以将理论知识与实际工作相结合，提高教学的实践性和可操作性。另外，教师还可以利用互联网和社交媒体等渠道，获取最新的技术和行业资讯。在互联网上，有许多学术网站和行业资讯网站，教师可以通过这些网站获取最新的技术和行业动态。同时，教师还可以通过关注行业内专家和企业的官方社交媒体账号，获取最新的技术和行业资讯，为教学提供参考。

3.如何将最新技术和行业动态融入教学内容中

为了将最新技术和行业动态融入教学内容中，教师可以采取以下方法和技巧：首先，教师需要深入研究最新技术和行业动态，了解其基本原理和应用场景。通过深入研究，教师可以全面了解最新技术和行业动态的特点和优势，为将其融入教学内容提供基础和依据。其次，教师需要灵活运用各种教学方法和手段，将最新技术和行业动态生动地呈现给学生。例如，可以通过案例分析、实地考察、实验操作等方式，引导学生深入理解和应用最新技术和行业动态。通过这些教学方法，学生可以更加直观地了解最新技术和行业动态的实际应用，提高他们的学习兴趣和参与度。另外，教师还可以结合课程内容和教学目标，设计相关的教学活动和项目，让学生在实践中学习和应用最新技术和行业动态。例如，可以组织学生参加行业实习或项目实践，让他们在实际工作中接触和应用最新技术，提高他们的实际操作能力和解决问题的能力。

二、注重专业知识与实践结合

（一）实践操作

1.实验操作

实验操作在教学中扮演着非常重要的角色，它能够帮助学生将抽象的理论知识转化为具体的实践操作，从而更加深入地理解和掌握知识。在化学课程中，实验操作尤为重要。通过设计合适的实验，可以让学生亲自操作合成化合物，从而加深他们对化学反应原理的理解。例如，可以设计一个简单的合成反应实验，让学生亲自操作，观察反应过程中的变化，通过实验数据和结果，帮助他们理解化学反应的机理和原理。实验操作不仅能够提高学生的实践能力和动手能力，还能够培养其观察、分析和解决问题的能力。因此，在教学内容设计中，应充分重视实验操作，设计丰富多样的实验内容，让学生通过实验，深入理解和掌握化学知识，提高其学习效果和实际应用能力。

2.项目实践

项目实践在教学中是一种非常有效的教学方法，它能够帮助学生将所学知识应用到实际项目中，培养其解决实际问题的能力和创新能力。在工程设计课程中，项目实践尤为重要。通过设计并制作一个简单的机械装置，学生不仅可以将课堂所学的理论知识运用到实际项目中，还能够锻炼其工程设计能力和实际操作能力。例如，学生可以设计一个简单的机械装置，如小型机械手臂或运动控制器，通过设计、制作、调试等环节，学生可以全面地运用所学的机械原理、电子控制等知识，从而提高其工程设计和实践能力。项目实践不仅可以增强学生的实际操作能力，还可以培养其团队合作精神和创新意识。因此，在教学内容设计中，应充分重视项目实践，设计具有挑战性和实用性的项目，让学生通过实践，深入理解和应用所学知识，提高其综合能力和实际应用能力。

项目实践在教学中扮演着重要的角色，它能够帮助学生将理论知识转化为实际技能，培养解决问题和创新的能力。在工程设计课程中，项目实践是必不可少的一环。通过让学生设计并制作一个简单的机械装置，可以锻炼他们的工程设计能力和实际操作能力。例如，学生可以设计一个能够自动完成特定任务的机械装置，如一个简单的自动喷水装置。通过这样的项目，学生不仅可以将课堂上学到的理论知识应用到实际中，还可以提高他们的团队合作能力和创新能力。项目实践还可以帮助学生更好地理解课程内容，增强他们的学习兴趣和参与度。因此，教学内容设计中应充分考虑项目实践的重要性，设计具有一定挑战性和实用性的项目，让学生在实践中学习和成长。

项目实践在教学中扮演着重要角色，它能够帮助学生将理论知识转化为实际技能，培养解决问题和创新的能力。在工程设计课程中，项目实践是必不可少的一环。通过让学生设计并制作一个简单的机械装置，可以锻炼他们的工程设计能力和实际操作能力。例如，学生可以设计一个能够自动完成特定任务的机械装置，如一个简单的自动喷水装置。通过这样的项目，学生不仅可以将课堂上学到的理论知识应用到实际中，还可以提高他们的团队合作能力和创新能力。项目实践还可以帮助学生更好地理解课程内容，增强他们的学习兴趣和参与度。

3. 实践操作的重要性

实践操作在教学中具有重要的意义。它不仅是理论知识学习的重要补充，还能够帮助学生将所学知识转化为实际技能，提高其实际操作能力和解决问题的能力。通过实践操作，学生能够更加深入地理解和掌握所学知识。例如，在化学实验中，学生可以通过亲自操作，观察化学反应的过程和结果，从而更好地理解化学原理和反应机理。实践操作还能够培养学生的动手能力和实践能力，让他们在实际工作中能够灵活运用所学知识，解决实际问题。此外，实践操作还能够激发学生的学习兴趣，增强他们的学习动力。因此，教学中应重视实践操作，设计丰富多样的实验和实践活动，让学生通过实践，深入理解和运用所学知识，提高其学习效果和实际应用能力。

（二）案例分析

1. 案例分析的内容

案例分析在教学中扮演着非常重要的角色，它是理论知识与实际应用结合的有效方式。通过分析真实案例，学生可以更深入地理解理论知识，并将其运用到实际情境中。在商业管理课程中，案例分析尤为重要。例如，分析一家企业的经营策略可以让学生了解企业管理的实际操作，包括市场营销、人力资源管理、财务管理等方面。通过案例分析，学生可以了解企业面临的挑战和机遇，分析企业的经营决策是否明智，从而培养其分析问题和解决问题的能力。此外，案例分析还可以激发学生的学习兴趣，增强其学习动力。因此，在教学设计中应充分重视案例分析，选择具有代表性和启发性的案例，引导学生深入思考和讨论，从而提高其学习效果和实际应用能力。

案例分析在教学中扮演着重要的角色，它是理论知识与实际应用结合的有效方式。通过分析真实案例，学生可以更深入地理解理论知识，并将其运用到实际情境中。在商业管理课程中，案例分析尤为重要。例如，分析一家企业的经营策略可以让学生了解企业管理的实际操作，包括市场营销、人力资源管理、财务管理等方面。通过案例分析，学生可以了解企业面临的挑战和机遇，分析企业的经营决策是否明智，从而培养其分析问题和解决问题的能力。此外，案例分析还可以激发学生的学习兴趣，增强其学习动力。

2. 案例分析的目的

案例分析在教学中的目的是多方面的。首先，它能够帮助学生将理论知识应用到实际问题中，促进理论与实践的结合。通过分析真实案例，学生可以了解到理论知识在实际情境中的应用方式和效果，从而提高他们的实际操作能力和解决问题的能力。其次，案例分析还能够培养学生的分析思维和判断力。在分析案例的过程中，学生需要收集、整理、分析大量信息，并作出合理的判断和决策，从而提高他们的分析问题和解决问题的能力。此外，案例分析还能够激发学生的学习兴趣，增强他们的学习动力。通过分析具有挑战性和启发性的案例，学生能够在思维上得到锻炼，从而提高其学习效果和实际应用能力。综上所述，案例分析

在教学中的目的是培养学生的解决问题的能力和判断力，让他们能够在实际工作中灵活运用所学知识，做出正确的决策。

3. 案例分析的重要性

案例分析在教学中扮演着重要的角色，它是理论知识与实际情况结合的有效方式，能够帮助学生将抽象的理论知识与实际情况联系起来，提高其学习效果和应用能力。首先，案例分析能够帮助学生将课堂上学到的理论知识应用到实际情况中。通过分析真实案例，学生可以更深入地理解和掌握所学知识，并将其运用到实际情境中。其次，案例分析能够培养学生的分析和解决问题的能力。在分析案例的过程中，学生需要综合运用各种理论知识，分析问题的原因和解决方案，从而提高其解决问题的能力。此外，案例分析还能够激发学生的学习兴趣，增强其学习动力。通过分析具有挑战性和启发性的案例，学生能够在思维上得到锻炼，从而提高其学习效果和实际应用能力。

（三）行业实习

1. 行业实习的内容

行业实习是教学中一种非常重要的实践环节，通过实习，学生可以在真实的工作环境中学习和实践，从而更好地理解所学知识并培养实际操作能力。在旅游管理课程中，安排学生到旅行社或景区实习，可以让他们亲身体验旅游行业的工作，了解行业的运作机制、服务流程和管理模式。通过实习，学生可以将课堂上学到的理论知识应用到实际工作中，提高其实际操作能力和解决问题的能力。同时，实习还能够让学生了解行业的最新动态和发展趋势，为其未来的职业发展做好准备。因此，行业实习作为教学内容的一部分，对于学生的职业发展和实践能力的培养具有重要意义。

2. 行业实习的目的

行业实习作为教学内容的一部分，其目的在于让学生通过实际工作经验了解行业的发展趋势和实际工作需求，为他们未来的就业打下良好基础。首先，行业实习能够让学生在真实的工作环境中学习和实践，从而更深入地了解所学知识在实际工作中的应用。通过实习，学生可以接触到行业内的实际问题和挑战，提高他们的实际操作能力和解决问题的能力。其次，行业实习还可以让学生了解行业的最新动态和发展趋势，帮助他们把握行业的发展方向，为将来的就业和职业规划做好准备。此外，行业实习还能够让学生建立起与行业内专业人士的联系，拓展人脉资源，为将来的就业提供有力支持。

3. 行业实习的重要性

行业实习作为教学内容的一部分，具有重要的意义。首先，行业实习能够帮助学生将所学知识与实际工作相结合，提高其实际操作能力和解决问题的能力。通过实习，学生可以在真实的工作环境中学习和实践，了解行业的运作机制和实际工作需求，从而更好地将理论知识转化为实际技能。其次，行业实习能够让学生了解行业的最新发展动态和趋势，为其未来的职业发展提供参考。在实习过程中，学生可以接触到行业内的前沿技术和发展方向，帮助他们更好地把握行业的发展方向，增强其就业竞争力。此外，行业实习还能够让学生建立起与行业内专业人士的联系，扩展人脉资源，为其未来的就业提供有力支持。

三、项目驱动的课程设计

项目驱动的教学设计是一种重要的教学方法。通过项目学习，学生可以在实践中运用所学知识，锻炼解决问题的能力和团队合作精神。教学内容可以围绕具体的项目展开，让学生在项目中体验和学习，从而提高学生的实际操作能力和创新能力。

（一）人才培养方案制定

1. 人才培养目标的设定

在制定计算机专业的人才培养方案时，首先需要明确人才培养的目标。当前我国计算机行业发展迅速，因此人才培养方案应紧跟行业发展趋势，确保培养出符合市场需求的高素质人才。这些人才不仅需要具备扎实的计算机科学技术基础和专业知识，还应具备全面发展和良好科学素养的综合能力。具体来说，人才培养目标包括：

（1）全面发展

全面发展是指学生在接受计算机专业教育的过程中，不仅要在专业知识方面取得突破，还应该具备较强的人文素养和艺术修养。在德智体美全面发展的指导下，学生应该具备自我管理、团队合作、沟通表达等综合能力，以及对社会和环境的责任感和担当精神。这样的全面素质培养不仅可以提升学生的综合竞争力，还能够培养出具有社会责任感和人文关怀精神的优秀人才。

（2）科学素养

科学素养是指学生具备良好的科学思维和科学方法，能够理解和应用计算机科学技术的基本理论和方法。在计算机专业教育中，除了传授专业知识外，还应该注重培养学生的创新思维和问题解决能力。学生应该具备分析问题、提出解决方案的能力，能够灵活运用所学知识解决实际问题，并能够适应科技发展的快速变化和未来挑战的需求。

（3）行业趋势

了解和掌握 IT 行业的发展趋势是培养学生的重要目标之一。随着科技的不断进步和社会的快速发展，IT 行业的技术和应用场景也在不断变化和更新。因此，学生需要具备持续学习和自我更新的意识，能够随时掌握最新的技术动态和行业趋势。这样才能够适应未来职业发展的需要，保持竞争力并在激烈的市场竞争中立于不败之地。

（4）技术应用能力

除了掌握理论知识外，学生还应该具备在软件系统设计、开发、测试、运维和技术支持等方面的应用能力。这需要学校提供充足的实践机会和实验环境，让学生在实际项目中学以致用，锻炼解决问题的能力和团队协作精神。同时，教师应该注重培养学生的实践能力和操作性，引导他们将理论知识与实际工作相结合，为将来的职业发展打下坚实的基础。

通过明确这些人才培养目标，可以指导课程设置和教学实践，确保学生在学习过程中全面发展、增长知识、提升能力。

2.人才需求分析与市场调研

人才需求分析与市场调研在确定人才培养目标和课程设置方面起着至关重要的作用。特别是在计算机行业这样快速发展和技术更新换代频繁的领域，及时了解市场需求和行业趋势，对于培养适应市场需求的优秀人才至关重要。以下将分析计算机行业的人才需求和市场调研的重要性，并结合实际案例展开讨论。

第一，计算机行业作为一个高科技领域，其人才需求一直处于较高水平。随着信息技术的不断进步和互联网应用的普及，对计算机专业人才的需求日益增长。尤其是在互联网＋和大数据等新兴领域，对高素质的计算机人才的需求更为迫切。例如，在云计算、人工智能、物联网等领域，企业对具有数据分析、机器学习、网络安全等专业技能的人才需求量不断增加。

第二，进行市场调研和人才需求分析有助于把握行业发展的趋势和方向。通过深入了解企业对人才的需求和行业的发展趋势，可以及时调整人才培养目标和课程设置，使之更符合市场需求和行业趋势。例如，根据市场调研结果，可以发现近年来人工智能技术在各个行业的应用越来越广泛，因此，针对人工智能领域的课程设置和实践项目安排就显得尤为重要。

第三，市场调研和人才需求分析可以为高校提供科学依据，指导人才培养方案的制定。通过统计分析市场需求和企业对人才的职责要求，可以确定合适的人才培养目标，并根据实际情况进行课程设置和实践课程安排。例如，如果市场需求表明对网络安全专业人才的需求量较大，高校可以在课程设置中加强相关知识的教学，并组织相关的实践项目，以培养学生在网络安全领域的专业能力和实践经验。

第四，市场调研和人才需求分析也有助于提高高校教育质量和学生就业竞争力。通过与市场接轨，高校可以及时调整教学内容和教学方法，使之更贴近市场需求，提高学生的就业竞争力。例如，结合企业需求，开设与实际项目相关的实践课程，让学生在课堂上学以致用，提高他们的实际操作能力和解决问题的能力，从而更好地适应未来职业发展的需要。

3. 课程设置与实践课程安排

基于人才培养目标和市场需求分析，设计课程设置和实践课程安排是培养高素质人才的关键环节。在课程设置方面，应当综合考虑基础理论、专业核心和新兴技术领域，为学生提供全面、系统的知识体系。基础理论课程包括计算机组成原理、数据结构与算法等，为学生打下坚实的理论基础；专业核心课程涵盖计算机网络、数据库系统、软件工程等领域，培养学生的专业能力；而针对互联网＋、大数据、人工智能等新兴领域的课程设置则是顺应市场需求和行业趋势的重要举措，为学生提供更广阔的发展空间。

在实践课程安排方面，应当贯穿整个课程体系，注重理论与实践相结合的原则。实践课程旨在帮助学生将所学知识应用到实际工作中，提升其解决问题和创新能力。通过实际项目实践和案例分析等教学活动，学生可以深入了解实际工作场景，培养扎实的操作技能和良好的团队合作能力。例如，可以组织学生参与校内外的科研项目或企业合作项目，让他们在实践中不断成长和提升；同时，通过分析真实案例，学生可以理解理论知识与实际问题的联系，培养其分析和判断能力。此外，实验课程也是巩固理论知识、培养动手能力的重要途径，通过设计有针对性的实验项目，学生可以进行实际操作，加深对知识的理解和掌握。

（二）课程体系构建

课程体系的构建是为了确保学生在学习过程中能够全面获取相关专业知识，达到预期的人才培养目标。构建课程体系的过程包括确定典型工作任务、把握工作岗位所需的知识能力以及进行针对性的课程设置和开发。

1. 确定典型工作任务

在计算机领域，确定典型工作任务是构建课程体系的关键一环。这些任务不仅需要与实际工作密切相关，还应该能够全面覆盖计算机行业的各个方面，以满足不同岗位的需求。

（1）软件开发

软件开发是计算机领域中最基础、最核心的工作之一。这项工作涵盖了软件需求分析、设计、编码、测试、调试等多个环节。学生需要掌握各种编程语言和开发工具，如 Java、Python、C++ 等，以及相关的开发框架和版本控制工具。通过实际项目的开发实践，学生可以逐步掌握软件开发的流程和技能，提高编码能力和解决问题的能力。

（2）系统设计与架构

在计算机系统设计与架构方面，学生需要理解系统的整体结构和各个组件之间的关系。他们需要掌握系统设计原则和常用的设计模式，能够根据需求设计出高效、可扩展的系统架构。通过实际项目的设计和分析，学生可以学会如何进行系统需求分析、架构设计和性能优化，为未来的系统开发提供基础支持。

（3）网络管理与安全

随着互联网的普及和信息技术的发展，网络管理与安全成为计算机领域中不可或缺的一部分。学生需要了解网络拓扑结构、协议规范和网络安全策略，掌握网络配置、监控和维护等技能。通过实际网络环境的搭建和管理实践，学生可以深入理解网络运行机制和安全防护原理，提高网络故障排除和安全漏洞修复的能力。

（4）数据库管理与数据分析

数据库管理和数据分析是计算机领域中应用广泛的工作任务之一。学生需要掌握数据库设计和管理技术，包括数据建模、SQL 语言、数据库优化等内容。同时，他们还需要具备数据分析和挖掘的能力，能够从海量数据中提取有用信息，并为业务决策提供支持。通过实际数据处理和分析项目的实践，学生可以熟悉数据库管理和数据分析的流程，提高数据处理和分析的能力。

2. 把握工作岗位所需的知识能力

深入了解工作岗位所需的知识能力是构建课程体系的重要一环。这需要教育者通过调研和分析，全面了解不同工作岗位的需求，包括技术技能、专业知识以及解决问题的能力等方面。

（1）技术技能

在计算机领域，技术技能是求职者最基本的要求之一。针对软件开发岗位，学生需要掌握多种编程语言，如 Java、Python、C++ 等，以及相应的开发工具和框架。此外，对于网络管理与安全岗位，学生需要具备网络配置、监控和维护等技术技能。通过对不同岗位技术要求的深入了解，可以为学生提供有针对性的技术培训和实践机会，帮助他们逐步掌握所需的技术技能。

（2）专业知识

除了技术技能外，对专业知识的掌握也是工作岗位所需的重要能力之一。在软件开发岗位上，学生需要了解软件工程原理、数据结构与算法等专业知识，以及前沿技术和行业发展趋势。针对数据库管理与数据分析岗位，学生需要掌握数据库设计和管理技术、数据分析方法等相关知识。通过系统的课程设置和教学实践，可以帮助学生建立起扎实的专业知识基础，为日后的职业发展打下坚实的基础。

（3）问题解决能力

在实际工作中，解决问题的能力是非常重要的。工作岗位往往会面临各种复杂的挑战和困难，需要求职者具备分析问题、提出解决方案的能力。因此，学生在课程学习中应该注重培养解决问题的思维和方法。通过项目驱动的教学模式和案例分析，可以锻炼学生的问题解决能力，使他们具备独立思考和创新解决问题的能力。

3. 针对性的课程设置和开发

在确定了工作任务和知识能力要求之后，就可以针对性地进行课程设置和开发。这需要综合考虑课程体系的完整性和系统性，确保所设定的课程能够覆盖到所有必要的知识和能力。同时，还应该根据不同课程的先修关系和后续关系，进行前导和后续课程的设置，构建起科学完整的课程体系。例如，可以从基础课程开始，逐步深入到专业核心课程和新兴技术领域的课程，确保学生能够系统地掌握相关知识和技能。

在课程体系的开发过程中，应该注重项目驱动的教学模式。通过以项目为主线的教学方式，可以更好地将理论知识与实际应用相结合，激发学生的学习兴趣和动力。项目选择应该能够覆盖所有的知识点，确保项目的高效有序展开。这些项目可以包括科研项目、生产项目、孵化项目以及教学项目等，旨在促进学生对知识内容的深入理解和实践应用。

（三）实践课程体系构建

实践教学在项目驱动的教学模式中扮演着至关重要的角色，它不仅是理论教学的延伸和拓展，更是培养学生应用能力和解决问题能力的有效途径。在构建实践课程体系时，需要综合考虑校企合作、人才培养目标和课程内容设置，以确保学生在实践中获得全面的培养和发展。

1. 校企合作与人才培养目标

实践教学体系的构建应该紧密结合校企双方的需求和目标，通过校企合作，将教学内容与实际工作场景相结合，使学生能够在真实的工作环境中应用所学知识。在确定人才培养目标时，应该综合考虑企业的发展需求和高校教学改革的方向，确保学生毕业后能够胜任相关岗位并具备创新能力和团队合作精神。

2. 项目驱动的教学模式

项目驱动的教学模式应该贯穿实践教学体系的始终，通过设计不同层次的项目实践，促进学生的综合能力和创新思维的培养。这种教学模式应该以递进式和立体化的方式展现，包括基础性项目实践、综合性项目实践和创新性项目实践三个方面。

（1）基础性项目实践

基础性项目实践主要涵盖某些课程的知识内容，旨在培养学生的基本技能和实践能力。通过这些项目，学生可以加深对课程内容的理解，提升自己的专业素养和技能水平。

（2）综合性项目实践

综合性项目实践将多门课程的知识融合在一起，通过完成完整的项目，培养学生的方案设计能力和解决问题的能力。这些项目通常涉及多个学科领域，要求学生能够综合运用所学知识解决实际问题。

（3）创新性项目实践

创新性项目实践旨在培养学生的科学探索精神和创新意识，通过参与学科竞赛、大学生实践创新活动和科研课题等方式，激发学生的创造性思维和创新能力。这些项目通常具有一定的挑战性和探索性，能够为学生提供更广阔的发展空间。

3. 实践教学体系的完善

在实践教学体系的构建过程中，应该注重各个环节的有机融合和相辅相成，确保学生能够全面提升自己的学习能力和实践能力。此外，还应该关注学生的个性化发展需求，为他们提供个性化的实践项目选择和指导，促进其全面发展。

（四）项目驱动式教学实施

在实施项目驱动式教学模式时，需要构建多样化的教学实践环境，以促进学生在学习中的实践能力和创新思维的培养。这种教学模式的核心是将项目作为学习的主线，通过任务驱动的方式，引导学生在实际项目中学习和应用知识。

1. 教学模式构建

在项目驱动式教学中，教师应该扮演着引导者和组织者的角色，将学生从传统的被动接受转变为主动探索和实践。教学模式的构建应该充分考虑到学生的实际情况和学习需求，注重激发学生的学习兴趣和自主学习的能力。例如，在计算机科学领域，可以设计一系列的项目任务，涵盖从基础的编程技能到复杂的系统设计与开发，以帮助学生逐步掌握各种技能和方法。

2. 实践项目贯穿教学全过程

为了确保项目驱动式教学的有效实施，实践项目应该贯穿教学的全过程，与理论知识相结合，形成理论与实践相互促进的学习环境。例如，通过在课程中引入实际的案例项目，学生可以在解决实际问题的过程中，深入理解和应用所学的理论知识，从而提升他们的问题解决能力和创新思维。

3. 案例教学法的应用

案例教学法是项目驱动式教学中常用的教学方法之一，通过真实的案例分析，帮助学生理解和掌握课程中的重难点知识。例如，在教学中引入具有代表性的案例项目，让学生通过分析和讨论，深入了解行业内的实际问题和解决方案，从而培养他们的分析思维和解决问题的能力。

4.学生主体性和自主学习

在项目驱动式教学中，学生应该是学习的主体，教师则是学习的引导者和支持者。教学过程应该注重激发学生的自主学习和实践的动力，通过给予学生一定的自主选择权和学习空间，培养他们的学习兴趣和学习能力。例如，可以设计开放式的项目任务，让学生根据自己的兴趣和实际情况选择合适的项目进行深入研究和实践。

二、创新思维与创业能力的培养

创业元素的引入是将创业理念和实践融入课程设计中，培养学生的创新精神和创业能力。在课程设计中，可以通过以下方式引入创业元素：

（一）创业案例分析

1.引入真实案例

在管理学课程中引入真实的创业案例是一种有效的教学方法，它能够使学生更好地理解和掌握管理学理论，并将其应用于实际的创业实践中。通过分析知名企业家的创业历程，学生可以深入了解创业者在面对挑战时的应对策略、成功背后的秘诀以及失败的教训，从而更好地领悟创新精神和创业智慧。

在教学中，教师可以通过多媒体展示、小组讨论和案例分析等方式，引导学生深入思考和分析创业案例，从而使他们更好地理解和应用管理学理论，提升他们的创业能力和创新意识。这种基于真实案例的教学方法能够使学生在学习过程中更加贴近实际，增强他们的学习兴趣和参与度，从而达到更好的教学效果。

2.分析创业经验

通过对创业案例的深入分析，学生可以获得宝贵的创业经验和启示，从成功案例中学习成功的秘诀，从失败案例中汲取教训，为未来的创业实践做好准备。

（1）市场定位和需求分析

在分析创业案例时，首先要关注创业者是如何选择市场定位并进行需求分析的。成功的创业案例往往能够准确把握市场的需求，并提供符合市场需求的产品或服务。例如，Uber成功抓住了共享经济的机遇，通过打造便捷的出行服务，满足了消费者对出行便利的需求，从而取得了巨大的成功。

（2）创新产品和服务

创业成功的关键之一是提供创新的产品或服务。在分析案例时，要关注创业者是如何通过创新来突破行业壁垒，赢得市场份额的。例如，Netflix 作为一个在线视频流媒体平台，通过提供大量独家内容、个性化推荐和灵活的订阅模式，彻底改变了传统的影视行业格局，成为全球最大的在线视频服务提供商之一。

（3）营销策略和品牌建设

成功的创业案例往往离不开有效的营销策略和品牌建设。在分析案例时，要注意创业者是如何利用市场营销手段和媒体渠道来宣传推广产品或服务的。例如，Red Bull 作为一家能量饮料公司，通过赞助极限运动比赛和音乐活动等大型活动，成功塑造了激励、活力和创新的品牌形象，成为全球领先的能量饮料品牌之一。

（4）团队建设和领导力

创业成功离不开一个强大的团队和优秀的领导者。在分析案例时，要注意创业者是如何建立和培养团队，并发挥领导者的作用来推动公司的发展的。例如，SpaceX 的创始人埃隆·马斯克以其卓越的领导力和激励团队的能力，成功地将公司打造成了全球领先的航天公司之一。

（5）应对挑战和风险管理

创业过程中充满了各种挑战和风险，成功的创业者往往能够有效地应对并管理这些挑战和风险。在分析案例时，要关注创业者是如何应对行业竞争、市场波动和外部环境变化的。

通过创业案例分析，可以激发学生的创业思维，培养他们的创新意识和创业能力。学生可以从案例中学习到创新的思维方式和解决问题的方法，同时也能够了解到创业者在面对挑战时的应对策略，从而提升自己的创业素养和竞争力。

（二）创业项目设计

1.设计创业任务

（1）明确任务目标

创业任务应该明确具体的目标和要求，包括项目的主题、范围和期限等。例如，在市场营销课程中，可以要求学生设计一个新产品的市场推广方案，明确要求学生完成市场调研、产品定位、营销策略等任务，并在一定期限内完成项目。

（2）结合所学知识和技能

创业任务应该结合学生已经掌握的知识和技能，既要考验学生的专业能力，又要激发其创新意识和创业潜力。例如，在人力资源管理课程中，可以要求学生

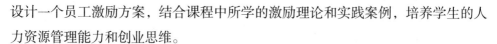

设计一个员工激励方案，结合课程中所学的激励理论和实践案例，培养学生的人力资源管理能力和创业思维。

2. 模拟创业实践

（1）身临其境地体验

通过模拟创业实践，学生可以在课堂上身临其境地体验创业过程，加深对创业实践的理解和认识。例如，在创业管理课程中，可以组织学生分组开展模拟创业项目，让他们在模拟经营和管理实践中，感受到创业者的挑战和机遇，培养其创业精神和实践能力。

（2）团队合作和角色扮演

在模拟创业实践中，学生可以担任不同的角色，如创始人、市场营销专家、财务总监等，通过团队合作和角色扮演，培养学生的团队合作能力和创业管理技能。例如，在创新创业课程中，可以组织学生分角色开展创业项目，让他们在实践中学会协作和沟通，提升团队合作能力。

3. 实施项目评估

（1）设置评估标准

在设计创业项目时，制定明确的评估标准和评价体系是至关重要的。这些评估标准应该涵盖多个方面，以全面评估学生的创业项目并提供有效反馈。

第一，评估项目设计的合理性。评估项目设计的合理性涉及项目目标的明确性、市场分析的全面性、商业模式的可行性等方面。学生应该能够清晰地表达他们的商业理念，并且能够通过详细的市场调研和分析来支持他们的项目设想。评估标准可以包括项目的市场定位是否准确、目标市场的需求是否明确、项目的竞争优势是否突出等。

第二，评估执行过程的有效性。执行过程的评估主要关注学生在项目实施阶段的表现。评估标准可以包括团队协作能力、时间管理能力、资源利用效率等方面。学生应该能够有效地分配任务、协调团队合作、合理利用资源，并能够及时应对项目执行过程中的挑战和问题。

第三，评估成果的实际效益也是评价体系中的重要组成部分。项目的实际效益包括项目的市场表现、经济效益、社会影响等方面。评估标准可以包括项目的收入增长、市场份额提升、客户满意度等指标。学生应该能够通过实际的运营和推广，实现项目的商业目标，并产生积极的经济和社会效益。

（2）全面评估和反馈

评估和反馈是教育教学过程中至关重要的环节，尤其在创业项目的设计和实施中更是不可或缺的。全面的评估和及时的反馈可以帮助学生更好地了解他们的表现，发现问题，并及时进行改进。评估的内容应该不仅局限于项目成果的质量，还应该考查学生在项目过程中展现出的各种能力和素养。

第一，评估过程应该全面客观。这意味着评估不应仅仅关注项目的最终成果，而是应该覆盖项目设计、执行过程、团队合作、创新能力、问题解决能力等方面。例如，评估可以从项目目标的明确性和可行性、团队成员间的合作和沟通、项目实施过程中的问题处理能力等多个角度进行。

第二，评估应该及时给予学生反馈。学生需要及时了解他们的表现，发现问题并加以改进。及时的反馈可以帮助学生更好地理解自己的不足之处，并在接下来的项目过程中进行调整和改进。反馈可以通过定期的评估会议、个人讨论、书面报告等形式进行，以确保学生能够及时得到指导和支持。

第三，评估和反馈应该注重学生的综合发展。除了项目成果的质量之外，评估还应该考查学生的团队合作能力、创新思维、解决问题的能力等方面。这些能力和素养对于学生未来的职业发展和社会参与至关重要，因此评估和反馈应该帮助学生全面提升自己的能力和素养。

第四章　基于应用型人才培养教学方法的创新

第一节　基于应用型人才培养教学方法创新的必要性

一、教学方法与学生创新能力的关系

（一）传统教学方法的局限性

1. 强调知识灌输和记忆

传统教学方法在很大程度上侧重于知识的灌输和记忆，通常以教师为中心，其核心目标是向学生传授大量的信息和知识。在这种教学模式下，学生的学习过程主要是被动接受信息的过程，他们被要求记住和理解大量的概念、事实和信息，而不太强调对知识的理解、应用和创造。这种教学方法强调的是学生的记忆和接受能力，往往忽视了学生的思维能力和创造力的培养。学生在这样的环境中往往缺乏主动探究的机会，无法培养出批判性思维和创新性思维。因此，这种传统教学方法已经不能很好地适应当今社会对人才培养的要求，特别是在培养应用型人才方面存在明显的不足。应用型人才需要具备创新意识和实践能力，能够灵活运用所学知识解决实际问题。因此，教学方法需要从传统的知识传授模式转变为注重培养学生的实践能力和创新能力，使其具备更强的适应和创新能力。

2. 缺乏激发创新能力的机会

传统教学方法通常采用单一的教学形式，如讲课、听课、笔记等，这种形式往往限制了学生的创新能力的发挥。在这样的教学环境中，学生缺乏与他人交流合作的机会，也缺乏面对实际问题进行探究和解决的机会，这使得学生很难培养出创新思维和实践能力。另外，传统教学方法注重的是学生对已有知识的接受和记忆，很少涉及对知识的拓展和应用，更缺乏对学生进行思维方式和创新方法的

引导和培养。在这种情况下,学生的思维往往停留在表面层面,难以形成深层次的思考和创新。因此,传统教学方法缺乏激发学生创新能力的机会,学生在这种环境下很难培养出创新思维和实践能力。要想培养学生的创新能力,教学方法需要转变为更加开放和灵活的形式,注重激发学生的探究欲望和创造力,提供更多的合作交流机会,引导学生通过实践解决问题,从而培养学生的创新思维和实践能力。

3. 不利于应用型人才的培养

传统教学方法在培养应用型人才方面存在着明显的不足。应用型人才不仅需要具备扎实的专业知识,更需要具备创新意识和实践能力,能够灵活运用所学知识解决实际问题。然而,传统教学方法往往侧重于知识的传授和记忆,忽视了对学生创新思维和实践能力的培养。这种教学方法使得学生缺乏实践经验和创新意识,难以在实际工作中灵活运用所学知识,从而无法成为真正的应用型人才。传统教学方法还存在着教师主导、学生被动接受的问题,学生缺乏独立思考和解决问题的能力。而应用型人才的培养需要学生具备自主学习和解决问题的能力,这与传统教学方法的理念和实践存在着明显的脱节。因此,传统教学方法已经不能很好地满足应用型人才培养的需求,教育界需要探索更加适合应用型人才培养的教学方法和模式,以培养更多具有创新意识和实践能力的应用型人才,促进社会经济的可持续发展。

（二）应用型人才培养的要求

1. 实践能力的重要性

应用型人才不仅要掌握理论知识,更需要具备将这些知识应用到实际工作中的能力。实践能力包括对所学知识的灵活运用和实际操作能力,在解决实际问题时能够快速有效地运用所学知识,提出创新性的解决方案。良好的实践能力可以使应用型人才更具竞争力,能够在实际工作中迅速适应并表现出色。实践能力的培养需要通过实际项目、实习实践等方式,让学生接触真实的工作场景,提升其解决实际问题的能力和经验。实践能力的培养不仅有助于学生将理论知识应用到实际工作中,还能够培养其创新意识和实际操作能力,提高其综合素质和竞争力。因此,实践能力的培养对于应用型人才的培养至关重要,教育教学应该注重实践教学,提升学生的实践能力,为其未来的发展打下坚实的基础。

2. 创新能力的重要性

应用型人才需要具备不断创新的能力，在实践中能够提出新的观点和解决方案，推动学科和行业的发展。创新能力包括对问题的独特见解和对解决方案的创造性构想，能够在面对挑战和困难时寻找新的思路和方法。具有创新能力的人才能够在竞争激烈的环境中脱颖而出，为企业和社会带来新的发展机遇。创新能力的培养需要通过启发式教学、项目驱动式学习等方式，激发学生的创新意识和创造力，培养其在实践中不断探索和创新的能力。教育教学应该注重培养学生的创新能力，鼓励他们勇于尝试，勇于创新，从而为他们未来的发展打下坚实的基础。

3. 教学方法的转变

传统的知识传授模式注重教师的讲解和学生的被动接受，学生缺乏实践经验和创新意识。因此，教学方法需要转变为更加注重学生参与和实践的教学模式。这包括采用案例教学、项目驱动式学习等方法，让学生在实践中学习和成长。

案例教学是一种重要的教学方法，通过真实或虚拟的案例让学生在课堂上模拟实际情况，培养学生的解决问题的能力。案例教学可以激发学生的学习兴趣，增强他们的学习动力，培养他们的实践能力和创新能力。另外，项目驱动式学习也是一种有效的教学方法，通过让学生参与实际项目的设计和实施，培养学生的团队合作能力、问题解决能力和创新能力。在项目驱动式学习中，学生需要在实践中不断探索和实验，从而培养出独立思考和创新的能力。

除了案例教学和项目驱动式学习，教学方法还可以采用实验教学、讨论式教学等方法，引导学生主动参与学习过程，培养他们的实践能力和创新能力。实验教学可以让学生通过实际操作来加深对知识的理解，让他们在实践中发现问题、解决问题，培养他们的创新思维和实践能力。讨论式教学可以激发学生的思维，培养他们的批判性思维和创造性思维，从而提高他们的创新能力。

二、教学方法改革的趋势

（一）社会发展的影响

1. 社会发展对教育的影响

随着社会的不断发展，教育的需求和目标也在发生着深刻的变化。传统的教学方法注重的是知识的传授和掌握，学生在这种教学环境下往往是被动接受者，缺乏主动探索和实践的机会。然而，随着社会的进步，人才的要求也在发生着变化。现代社会对人才的需求已经不再仅限于掌握丰富的知识，更加强调创新、实践和团队合作能力等综合素质。因此，教育界必须改革教学方法，培养更多具有创新能力和实践能力的应用型人才，以适应社会的发展需求。

在当今社会，随着科技的不断进步和经济的快速发展，人们对人才的要求越来越高。传统的教学方法已经不能满足现代社会对人才的需求。教育不仅仅是为了传授知识，更重要的是要培养学生的综合能力，让他们具备解决实际问题的能力和创新的精神。因此，教育界必须积极探索新的教学方法，注重培养学生的实践能力和创新能力。

2. 教育方法的改革

教育界为了培养更多具有创新能力和实践能力的应用型人才，正在积极探索和实践新的教学方法。其中，案例教学被认为是一种重要的教学方法。案例教学通过引入真实的案例，让学生在解决实际问题的过程中学习知识，培养其解决问题的能力和创新能力。通过分析和讨论案例，学生可以从中获得实践经验，提高分析问题和解决问题的能力。案例教学能够激发学生的学习兴趣，增强其学习动力，有助于培养学生的创新精神和实践能力。

另外，项目驱动式学习也是一种有效的教学方法。项目驱动式学习强调学生通过参与真实的项目设计和实施过程，来学习知识和提高能力。在项目驱动式学习中，学生不仅可以学到理论知识，还可以锻炼实践能力和创新能力。通过实际操作，学生可以更好地理解和应用所学知识，提高解决实际问题的能力。项目驱动式学习还可以培养学生的团队合作能力和沟通能力，让他们在团队中学会合作、沟通和协调，为将来的工作做好准备。

这些新颖的教学方法有助于学生更好地适应社会的发展需求。通过这些教学方法的应用，学生可以不断提升自己的实践能力和创新能力，为未来的发展打下坚实的基础。因此，教育界应该进一步推广和应用这些新颖的教学方法，培养更多具有创新能力和实践能力的应用型人才，为社会的可持续发展做出贡献。

3. 团队合作和沟通能力的培养

现代社会的工作环境越来越强调团队合作和协同工作能力。因此，教育应该通过各种方式培养学生的团队合作和沟通能力，使他们能够在未来的工作中有效地与他人合作。其中，团队项目是一种重要的培养方式。通过让学生参与团队项目，他们可以学会如何与他人合作，如何分工合作，如何有效地沟通和协调。在团队项目中，学生需要互相配合，共同解决问题，这有助于培养他们的团队合作能力和沟通能力。

另外，小组讨论也是培养学生团队合作和沟通能力的重要方式之一。在小组讨论中，学生需要与同学进行讨论和交流，分享自己的观点和想法，同时也要倾听和尊重他人的观点。通过小组讨论，学生可以学会如何与他人进行有效的沟通，如何团队合作来达成共识。这对他们未来的团队合作能力和沟通能力的培养具有重要意义。

（二）教育理念的变化

1.现代教育理念的转变

传统教育侧重于传授知识，而现代教育更注重培养学生的综合素质，特别是创新能力和实践能力。现代社会对人才的需求已不再局限于知识的掌握，更强调综合素质的培养。这包括创新意识、实践能力、团队合作能力等方面。因此，教育界必须意识到，仅仅注重知识传授已无法满足社会的需求，必须重视培养学生的综合素质，使他们具备适应未来社会发展的能力。

在现代教育理念中，学生被视为学习的主体，强调学生的自主学习和探究精神。教师不再仅仅是知识的传授者，更应扮演引导者和激励者的角色，激发学生的学习兴趣和创新潜能。现代教育也倡导多元化的教学方法和评价方式，注重发展学生的多方面能力，如批判性思维、问题解决能力和团队协作能力等。这种转变旨在培养学生全面发展，使其具备适应未来社会需求的能力和素质。

在实践中，现代教育注重将课堂学习与实际应用相结合，倡导"学以致用"的教育理念。通过项目驱动的学习、实践性教学等方式，培养学生的实践能力和创新能力。教育还应注重培养学生的团队合作能力和沟通能力，通过小组合作、团队项目等形式，培养学生的团队合作意识和沟通技巧，使其具备团队协作的能力。这种转变使得教育更加贴近社会需求，更有利于学生的综合发展。

2.创新教育理念的倡导

教育界正处于教育理念转变的关键时期，正在积极倡导创新教育理念，旨在培养更多具有创新能力的应用型人才。这一理念强调学生在学习过程中不仅要获取知识，更要学会运用知识解决实际问题，培养解决问题的能力和创新的精神。在这一背景下，教育界必须进行教学方法的改革，注重培养学生的实践能力和创新能力。其中，案例教学、项目驱动式学习等方式被广泛提倡，这些方法能够让学生在实践中学习，从而提高他们的实践能力和创新能力。

　　创新教育理念的倡导还体现在对团队合作能力和沟通能力的重视上。通过团队项目、小组讨论等方式，教育界致力于培养学生的团队合作意识和沟通技巧，让他们在团队中学会合作、沟通和协调，为将来的工作打下良好的基础。这种注重实践和团队合作的教育方式，有助于培养学生的综合素质，使他们更好地适应未来社会的发展需求。

　　值得注意的是，创新教育理念的实施需要教育者有更高的教育素养和教学水平。教育者需要不断学习和更新知识，不断探索和尝试新的教学方法，以更好地引导学生，激发他们的学习兴趣和创新潜能。同时，教育管理部门也需要制定相应的政策和措施，为教育改革提供支持和保障。

第二节　基于应用型人才培养教学方法的创新实践

一、互动式教学与探究式学习的结合

（一）互动式教学的特点和优势

1.互动式教学的特点

（1）学生参与度高

　　在传统的教学模式中，学生往往是被动地接受教师的讲解，缺乏积极性和主动性。而在互动式教学中，教师通过提问、讨论等方式引导学生思考问题，鼓励他们表达自己的观点和想法，从而激发学生的学习兴趣和参与欲望。通过参与互动，学生不仅可以更深入地理解知识，还能够培养批判性思维和解决问题的能力。此外，互动式教学还能够促进师生之间的更深层次的交流与互动，建立起更加融洽的师生关系，营造出更加积极向上的学习氛围。因此，互动式教学在提高学生学习积极性、促进师生交流、培养学生批判性思维等方面具有显著的优势，是一种值得推广和应用的教学方法。

　　（2）强调思维能力培养

　　在互动式教学中，教师的角色不仅仅是知识的传授者，更重要的是要引导学生培养批判性思维和解决问题的能力。传统教学模式下，学生往往被动地接受教师的灌输，缺乏独立思考和判断能力。而互动式教学通过提问、讨论等方式，激发学生的思维，引导他们思考问题、分析问题，从而培养其独立思考和判断能力。教师在教学过程中不仅仅是向学生传授知识，更重要的是要引导学生学会如何思考、如何分析问题，培养其批判性思维。通过互动式教学，学生不仅仅是被动接受知识，更是通过思考和讨论来积极构建自己的知识体系，提高了他们的学习兴趣和参与度。因此，互动式教学对于培养学生的批判性思维和解决问题的能力具有重要意义，是一种有效的教学方法。

（3）促进学生与教师之间的互动

在互动式教学中，学生与教师之间的互动是教学过程中至关重要的一部分。传统的教学模式中，教师往往是知识的传授者，学生是被动接受者，学生与教师之间的互动较少。而在互动式教学中，学生被鼓励积极参与课堂，通过提问、回答问题等方式与教师进行交流，使教学过程更加生动和有趣。这种互动不仅可以帮助学生更好地理解知识，还能够激发学生的学习兴趣，提高他们的学习积极性。

互动式教学中，教师的角色也发生了变化。教师不再是简单地传授知识，更重要的是要充当引导者和促进者的角色。教师需要根据学生的不同需求和学习情况，灵活调整教学方法，引导学生思考问题，激发他们的创造力和批判性思维。通过与学生的互动，教师可以更好地了解学生的学习情况，及时调整教学策略，提高教学效果。此外，互动式教学还可以促进学生之间的互动和合作。在互动式教学的环境下，学生可以通过小组讨论、团队合作等方式共同探讨问题，互相学习，共同进步。这不仅有助于提高学生的学习效果，还能够培养学生的团队合作能力和沟通能力，为他们未来的学习和工作打下良好的基础。

2. 互动式教学的优势

（1）激发学生学习兴趣

互动式教学中，教师通过提问、讨论等方式引导学生积极参与课堂，使得学习过程变得更加生动有趣。首先，互动式教学通过提供丰富多彩的学习体验，激发学生的好奇心和求知欲。教师可以通过引导学生提出问题、探索解决问题的方法，从而让学生在学习中体验到探索的乐趣，激发其学习的兴趣。其次，互动式教学强调学生的主体地位，使得学生在学习过程中能够更加自主地探索和学习。学生可以通过互动与交流，发表自己的观点和看法，从而感受到学习的乐趣和成就感，增强对学习的积极性和主动性。此外，互动式教学还能够激发学生的竞争意识和合作精神。在互动中，学生之间可以进行思想碰撞，相互竞争，从而激发出学生的学习激情。同时，学生还可以通过合作解决问题，增强团队意识和合作精神，提高学习效果。

（2）培养学生批判性思维

互动式教学通过提问、讨论等方式，激发学生的思维，引导他们思考问题、分析问题，从而培养其批判性思维。首先，互动式教学强调学生的主体地位，使得他们在学习过程中能够更加自主地思考和探索。教师不再是简单地传授知识，更重要的是要引导学生思考问题的本质和背后的原理，培养其深入思考和分析问题的能力。其次，互动式教学注重培养学生的解决问题的能力。通过课堂上的讨论和实践，学生不仅能够了解到问题的存在，更重要的是学会如何分析问题、解决问题。这种能力对于学生未来的学习和工作都具有重要意义，能够使他们在面对复杂的问题时能够提出有效的解决方案。此外，互动式教学还能够激发学生的创新意识。在互动式教学的环境下，学生受到启发和挑战，不断地探索和创新，从而培养其创新思维和创新能力。

（3）培养学生的表达能力和团队合作能力

在互动式教学中，学生需要积极参与讨论和交流，这有助于培养其良好的表达能力和团队合作能力。首先，通过参与课堂讨论，学生不仅可以锻炼自己清晰明了地表达观点的能力，还能够学会倾听他人的观点，并学会尊重和接纳不同的意见和观点。这种能力对于学生未来的社会交往和工作都具有重要意义，能够使他们在团队合作中更加顺利地与他人沟通和交流。其次，互动式教学注重学生之间的合作和协作。在团队项目和小组讨论中，学生需要共同商讨问题、制定解决方案，并共同努力完成任务。通过这样的合作，学生不仅可以培养自己的团队合作能力，还能够学会与他人合作、协调和沟通的技巧，从而为他们未来的工作打下坚实的基础。此外，互动式教学还能够激发学生的创新意识。在课堂上，教师鼓励学生提出新颖的观点和想法，促使他们敢于创新，勇于尝试。通过这样的创新活动，学生不仅可以培养自己的创新思维，还能够培养解决问题的能力，为他们未来的学习和工作打下良好的基础。

（二）探究式学习的特点和优势

1.探究式学习的特点

（1）学生主体性和积极性

在探究式学习中，学生通过自主探究和实践来学习，不再被动接受知识，而是成为学习的主体。这种学习方式能够激发学生的学习兴趣，提高其学习的积极性和主动性。

探究式学习强调学生的主体地位，使得学生在学习过程中能够更加自主地思考和探索。学生不再被动地接受教师传授的知识，而是通过自主探究和实践来构建自己的知识体系。这种学习方式能够激发学生的学习兴趣，使得他们更加愿意参与到学习中来，提高学习的积极性和主动性。

探究式学习还能够培养学生的批判性思维和解决问题的能力。通过自主探究和实践，学生不仅能够掌握知识，还能够学会分析问题、解决问题的方法。这种能力对于学生未来的学习和工作都具有重要意义，能够使他们在面对复杂的问题时能够提出有效的解决方案。

（2）问题导向和目的性

在探究式学习中，学生通过提出问题、解决问题的过程中，能够更加深入地理解知识，明确学习的目的和意义，从而提高学习的效果和效率。

问题导向的学习过程能够激发学生的学习兴趣和动力。学生在探究问题的过程中，不仅能够获取知识，还能够培养自己的探究精神和解决问题的能力。这种学习方式有助于学生更加深入地理解知识，形成自己的思维方式和学习方法。

同时，问题导向的学习过程还能够明确学习的目的和意义。学生在解决问题的过程中，能够清楚地意识到学习的目的和意义，有助于提高学习的效果和效率。通过明确学习的目的和意义，学生能够更加有针对性地进行学习，更加全面地掌握知识，为将来的学习和工作打下坚实的基础。

（3）实践性和体验性

在探究式学习中，学生通过参与实践活动，亲身经历和体验问题，从而更深入地理解和掌握知识。

实践性和体验性是探究式学习的重要特点之一。通过参与实践活动，学生能够将理论知识与实际问题相结合，从而更好地理解和掌握知识。例如，在学习科学知识时，学生可以通过实验来验证理论，从而加深对知识的理解；在学习历史知识时，学生可以通过实地考察、文物鉴赏等方式，亲身感受历史文化，从而更加生动地理解历史事件。

实践性和体验性的学习方式有助于培养学生的实践能力和动手能力。通过参与实践活动，学生不仅能够掌握理论知识，还能够学会运用知识解决实际问题的能力。这种学习方式有助于提高学生的实践能力和动手能力，使他们能够在将来的工作和生活中更加游刃有余地应对各种挑战。

（4）合作性和交流性

在探究式学习中，学生通过与同学合作、讨论，共同解决问题，培养其团队合作能力和社交能力。

合作性和交流性是探究式学习的重要特点之一。通过与同学合作，学生能够共同探讨问题，交流想法，从而更全面地理解问题，并找到解决问题的方法。在合作过程中，学生还能够学会与他人沟通和协作，培养其团队合作能力和社交能力。这种学习方式有助于提高学生的综合素质，使他们在未来的学习和工作中更加成功。

合作性和交流性的学习方式有助于培养学生的团队合作能力和社交能力。通过与同学合作，学生能够学会与他人沟通和协作，培养其团队合作能力和社交能力。这种学习方式有助于提高学生的综合素质，使他们在未来的学习和工作中更加成功。

2. 探究式学习的优势

（1）激发学生的学习兴趣

在探究式学习中，学生通过提出问题、寻找解决方法、实践验证等过程，可以更加深入地理解和掌握知识，从而激发学生的学习兴趣。首先，探究式学习注重学生的主体性。学生在学习过程中不再被动地接受知识，而是通过自主探究和实践来获取知识，这种学习方式使学生更加积极地参与学习，激发了他们的学习兴趣。其次，探究式学习强调学生的实践性和体验性。学生通过实践活动来学习，亲身经历和体验问题，这种学习方式使学生更深入地理解和掌握知识，增强了他们的学习兴趣。最后，探究式学习强调学生之间的合作和交流。学生在解决问题的过程中需要与同学合作、讨论，共同探讨问题，这种合作与交流的过程不仅培养了学生的团队合作能力和社交能力，也增强了他们的学习兴趣。

（2）提高学生的学习效果

相比传统的教学方式，探究式学习能够让学生更加深入地理解和掌握知识，从而提高学习的效果和效率。首先，探究式学习注重学生的主体性。学生在学习过程中不再被 passively 接受知识，而是通过自主探究和实践来获取知识。这种学习方式能够激发学生的学习兴趣，使其更加主动地参与学习，从而提高学习的效果。其次，探究式学习强调学生的实践性和体验性。学生通过参与实践活动来学习，亲身经历和体验问题，这种学习方式能够让学生更加深入地理解和掌握知识。通过实践，学生能够将理论知识与实际问题相结合，从而提高学习的效果和效率。此外，探究式学习强调学生之间的合作和交流。学生在解决问题的过程中需要与同学合作、讨论，共同探讨问题，这种合作与交流的过程能够让学生更好地理解问题，并找到解决问题的方法，从而提高学习的效果和效率。

（3）培养学生的实践能力

传统教学往往局限于书本知识的传授，而探究式学习则注重学生在实际问题中的探索和实践，使其能够将理论知识与实际问题相结合，从而更好地理解和应用所学知识。首先，探究式学习通过实践活动培养学生的实践能力。学生在探究式学习中通过实际操作来解决问题，这种实践过程能够让学生更深入地理解和掌握知识，培养其实践能力和动手能力。其次，探究式学习注重学生的动手实践。学生在学习过程中需要进行各种实践活动，例如设计实验、制作模型等，这种动手实践能力的培养对于学生的综合素质提高具有重要意义。此外，探究式学习还能够培养学生的解决问题能力。学生在实践活动中需要解决各种问题，培养其分析问题、提出解决方案的能力，从而提高其实践能力和动手能力。

（4）提高学生的终身学习能力

在探究式学习中，学生通过自主探究和实践来获取知识，培养了他们主动学习的意识和能力。其一，探究式学习强调解决问题的过程，培养了学生的问题解决能力和创新意识。这种能力是终身学习的重要基础，能够使学生在面对新的挑战和问题时保持积极的态度，并能够有效地解决问题。其二，探究式学习注重学生之间的合作和交流，培养了学生的团队合作能力和社交能力。在现实生活和工作中，团队合作和社交能力是至关重要的，能够帮助学生更好地适应社会发展的变化，并不断地学习和进步。

（三）互动式教学与探究式学习的结合

1.互动式教学可以为探究式学习提供必要的引导和支持

在教学开始阶段，教师可以充分利用互动式教学的方式，为后续的探究式学习提供必要的引导和支持。通过提出问题、展示案例等方式，教师可以引发学生的兴趣，激发其学习动机，帮助他们建立起对知识的基本认识和理解。在介绍课程内容和学习目标时，教师可以通过互动的方式与学生进行交流，了解学生的先前知识和经验，从而有针对性地引导他们进入学习状态。通过在互动中激发学生的好奇心和探索欲望，教师可以为学生打开新知识的大门，为后续的学习打下坚实的基础。

此外，教师还可以利用互动式教学的方式，向学生介绍一些案例或实例，让学生通过思考和讨论，深入理解课程内容的实际应用和意义。通过实例的引入，学生可以更加直观地理解抽象的理论知识，增强对知识的记忆和理解。同时，通过讨论实例中的问题和解决方法，学生可以培养分析问题和解决问题的能力，为后续的探究式学习做好铺垫。

2. 互动式教学可以促进学生与教师、学生之间的互动和合作

互动式教学可以促进学生与教师、学生之间的互动和合作，从而提高学习效果。通过小组讨论、角色扮演等方式，学生可以学会有效地与他人合作，充分发挥团队的力量，提高解决问题的效率和质量。首先，互动式教学通过小组讨论等活动形式，可以激发学生的合作意识和团队精神。在小组讨论中，学生需要共同探讨问题、交流意见，从而形成共识，解决问题。通过这样的合作方式，学生不仅可以学会倾听他人的观点，尊重他人的意见，还可以培养团队合作能力，提高集体智慧的发挥效果。其次，互动式教学可以通过角色扮演等方式，帮助学生更好地理解他人的观点和感受，培养沟通能力。通过扮演不同的角色，学生可以模拟实际情境，体验与他人交流、合作的过程，从而提高他们的沟通能力和表达能力。这种互动式的学习方式可以让学生更加深入地理解问题的本质，为解决问题提供更多元化的思路和方法。

3. 互动式教学还可以为探究式学习提供反馈和指导

在学生进行探究活动时，教师可以通过观察学生的表现，及时给予反馈和指导，帮助他们纠正错误，提高学习效果。这种及时的反馈和指导对于学生的学习至关重要，可以帮助他们更好地理解和掌握知识，提高学习的效率和质量。

通过观察学生的表现，教师可以了解学生对于学习任务的理解程度和掌握情况，发现学生可能存在的问题和困难。在此基础上，教师可以及时给予反馈，指出学生的错误和不足之处，帮助他们纠正错误，提高学习效果。同时，教师还可以根据学生的表现，调整教学策略，更好地满足学生的学习需求，提高教学效果。

除了给予反馈，教师还可以通过指导的方式，帮助学生更好地进行探究活动。在学生遇到困难或问题时，教师可以给予指导，提供解决问题的思路和方法，引

导学生找到问题的解决方案。通过及时的指导，学生可以更加顺利地进行探究活动，提高学习效果。

二、信息技术在教学中的应用

（一）信息技术在教学中的作用和意义

1. 信息技术可以帮助教师设计更加生动、直观的教学内容

信息技术在教学中的应用不仅可以帮助教师设计更加生动、直观的教学内容，还可以提高教学效果。通过利用多媒体技术，教师可以将文字、图片、音频、视频等多种形式的信息融合在一起，使得教学内容更加生动直观，有助于激发学生的学习兴趣和注意力。例如，在教授地理课程时，教师可以利用地图软件展示各种地形地貌的图片和视频，让学生通过视觉和听觉的方式感受地理环境，加深对地理知识的理解。通过多媒体技术，教师还可以制作动画、模拟实验等教学资源，使得抽象的概念变得具体可见，帮助学生更好地理解和记忆知识。

另外，信息技术还可以帮助教师实现教学内容的个性化设计。随着教育理念的转变，越来越重视个性化教育，即根据学生的不同需求和学习特点，为其量身定制适合的学习内容和教学方法。信息技术为实现个性化教育提供了有力支持。教师可以通过学习管理系统和智能教学软件，分析学生的学习数据，了解每个学生的学习特点和需求，从而设计出针对性的教学方案。例如，在语文教学中，教师可以根据学生的阅读水平和兴趣爱好，为其推荐适合的阅读材料，提高学生的阅读能力和学习积极性。个性化教学不仅可以提高学生的学习效果，还可以培养学生的自主学习能力和解决问题的能力，促进学生全面发展。

2. 信息技术可以促进教师与学生之间的互动与交流

信息技术在教学中的应用不仅可以促进教师与学生之间的互动与交流，还可以打破传统教学的时间和空间限制，实现教学资源的共享和交流，促进教学的开放性和多样性。第一，通过网络平台和在线工具，教师可以与学生进行实时互动。教师可以在课堂上利用在线投票工具收集学生的意见和观点，引导学生思考，激发学生的学习兴趣。同时，教师还可以利用在线讨论平台组织学生讨论，让学生在讨论中学会倾听、表达和辩论的能力，促进学生思维的碰撞和交流，提高教学效果。第二，学生也可以通过网络平台和在线工具与同学进行互动。在学习过程中，学生可以通过在线讨论、群组活动等形式，与同学分享学习心得和体会，共

同探讨问题，交流学习经验。这种互动和交流不仅可以帮助学生更好地理解和掌握知识，还可以培养学生的团队合作能力和沟通能力，促进学生全面发展。同时，通过网络平台和在线工具，学生还可以获得更多的学习资源和学习途径，拓宽学习视野，提高学习效率。

3. 信息技术还可以培养学生的信息素养和创新意识

随着信息技术的快速发展，信息的获取和利用变得更加便捷和高效。通过信息技术的应用，学生可以学会有效地搜索和利用信息，提高信息处理能力和创新能力。例如，学生可以利用互联网搜索引擎获取所需信息，通过分析、筛选和整理，得出有价值的结论和观点，培养信息处理的能力。同时，学生还可以利用信息技术进行数据分析和图表制作，从而深入理解问题，并提出创新性的解决方案。

信息技术也为学生提供了更多的学习资源和学习途径，拓宽了学生的视野，激发了他们对知识的探索和创新的欲望。通过互联网等信息平台，学生可以获取到丰富多样的学习资源，包括文献资料、学术论文、教学视频等，使他们的学习不再受限于教室和教材，而是可以随时随地进行。这种自主获取知识的过程，不仅可以拓宽学生的知识面，还可以培养他们的自主学习能力和创新精神。学生在信息技术的支持下，可以更加积极地探索未知领域，勇于尝试新思路，培养解决问题的能力和创新意识。

（二）信息技术在实践教学中的应用

1. 利用虚拟实验室可以为学生提供更加安全、便捷的实验环境

传统实验教学存在着诸多限制，如受到时间、设备、安全等因素的制约，而虚拟实验室通过模拟实验环境，弥补了传统实验教学的不足之处，为学生提供了更具吸引力和实用性的学习体验。

第一，虚拟实验室可以解决实验设备不足或昂贵的问题。在传统实验教学中，学校可能会受到实验设备数量有限或价格昂贵的制约，导致学生无法进行充分的实验操作。而虚拟实验室则可以通过计算机模拟实验过程，让学生在虚拟环境中进行实验操作，从而克服了实验设备不足的问题，保障了学生的实验学习体验。

第二，虚拟实验室可以提供更加安全的实验环境。一些实验可能存在一定的安全风险，如化学实验中可能涉及到有毒气体、腐蚀性液体等危险物质，而虚拟实验室可以在模拟实验过程中避免这些安全风险，保障学生的人身安全。同时，虚拟实验室还可以让学生在模拟的实验环境中自由实验，不受时间和地点的限制，

提高了实验教学的灵活性和便捷性。

第三，虚拟实验室还可以提供更加丰富的实验内容和实验场景。传统实验教学受到设备和场地的限制，可能无法展示某些复杂或昂贵的实验内容，而虚拟实验室则可以通过模拟技术展示各种复杂的实验内容，让学生亲身体验，提高了实验教学的趣味性和实用性。例如，在化学实验中，学生可以通过虚拟实验室模拟操作实验仪器，观察实验现象，从而更好地理解化学原理和方法。

2.利用在线平台可以实现教师与学生的互动和交流，促进知识的传递和共享

随着信息技术的不断发展，网络平台在教育领域的应用也日益广泛，为教师和学生提供了更为便捷和高效的学习交流方式。

第一，教师可以在在线平台上发布教学内容、布置作业、进行在线测验等，为学生提供更加灵活的学习机会。学生可以根据自己的学习进度和时间安排，在任何时间、任何地点进行学习，不再受到时间和空间的限制。这种灵活性不仅提高了学习的效率，还激发了学生的学习兴趣和主动性。

第二，学生可以在在线平台上提问、讨论问题，与教师和同学进行互动。通过在线讨论区或在线教室，学生可以与教师和同学进行实时交流，共同探讨学习问题，分享学习经验。这种互动和交流不仅促进了知识的传递和共享，还培养了学生的合作意识和团队精神，提高了学习效果和学习质量。

第三，教师可以通过在线平台及时了解学生的学习情况，针对性地进行教学指导。通过在线测验和作业，教师可以了解学生对知识的掌握程度和学习进度，及时发现学生的学习困难和问题，并给予针对性的帮助和指导。这种个性化的教学指导有助于提高学生的学习效果和学习动力，促进学生的全面发展。

3.信息技术助力教学效果的提升

个性化教学是指根据学生的学习情况、学习特点和学习需求，为其量身定制的教学方案和教学内容，旨在提高学生的学习积极性和成绩，培养学生的自主学习能力和解决问题的能力，促进学生全面发展。

第一，信息技术可以帮助教师收集、分析学生的学习数据，了解每个学生的学习特点和需求。通过学习管理系统和智能教学软件，教师可以了解学生的学习进度、学习兴趣、学习习惯等信息，为个性化教学提供数据支持。基于这些数据，教师可以设计出针对性的教学方案，根据学生的学习情况进行差异化教学，提高教学效果。

第二，个性化教学可以提高学生的学习积极性和成绩。通过个性化教学，教师可以根据学生的学习特点和需求，为其提供适合的学习内容和学习任务，激发学生的学习兴趣，增强学生的学习动力，提高学生的学习效果。研究表明，个性化教学可以显著提高学生的学习成绩，促进学生的学业发展。

第三，个性化教学还可以培养学生的自主学习能力和解决问题的能力。通过个性化教学，学生可以根据自己的学习情况和学习需求自主选择学习内容和学习方式，培养了学生的自主学习能力。同时，个性化教学注重培养学生的解决问题的能力，鼓励学生通过独立思考和探究，解决学习中遇到的问题，提高了学生的问题解决能力。

（三）信息技术在团队合作中的应用

1. 信息技术还可以促进团队合作的监督和评估

信息技术在促进团队合作方面的监督和评估具有重要意义。通过在线协作平台记录团队合作的过程和成果，教师可以实时了解团队成员的贡献和表现。这种记录可以包括任务分配情况、工作进度、成果展示等内容，有助于教师全面地了解团队合作的情况。通过对团队合作过程的记录，教师可以及时发现团队合作中存在的问题和困难，并及时给予反馈和指导，帮助团队克服困难，提高工作效率。

另一方面，信息技术还可以帮助教师收集团队合作的数据和反馈，进行评估和改进。通过在线调查、问卷调查等方式收集团队成员的反馈意见，教师可以了解团队成员对合作过程和结果的看法，发现问题和改进空间。同时，教师还可以通过数据分析工具对团队合作的数据进行分析，发现团队合作的模式和规律，为团队合作的改进提供参考和依据。通过评估和改进，教师可以帮助团队不断提高合作能力和工作效率，促进团队合作的持续发展。

2. 信息技术的应用还可以拓展团队合作的范围和形式

信息技术的应用在拓展团队合作方面具有重要意义，可以跨越时空限制，实现远程合作，从而拓展了团队合作的范围和形式。其中，视频会议等技术为团队成员提供了面对面交流的方式，使得地理位置不再是合作的障碍。这种远程合作形式不仅可以节省时间和成本，还可以让团队成员更加灵活地安排工作时间，提高工作效率。同时，远程合作还可以促进团队成员之间的交流和协作，增强团队凝聚力和合作意识。

另外，信息技术的应用还可以提供多样化的合作工具和平台，如在线项目管理工具、协作文档编辑工具等，为团队合作提供更多可能性。通过这些工具，团队成员可以方便地共享文件、分配任务、跟踪进度，实现协同工作。这种多样化的合作工具和平台有助于提高团队合作的效率和质量，促进团队成员之间的互动和合作。

第五章　基于应用型人才培养师资队伍建设的创新

第一节　师资队伍在应用型人才培养中的作用

一、优秀师资对人才培养的影响

（一）优秀师资是应用型人才培养的关键

优秀的师资队伍是应用型人才培养的关键。这些教师不仅具备扎实的学科知识和专业技能，还具有丰富的实践经验和创新能力。他们能够为学生树立榜样，激发其学习兴趣和创新意识。优秀的师资队伍能够带领学生深入了解专业知识，掌握实践技能，并将所学知识应用于实际工作中。

优秀的师资队伍不仅具备扎实的学科知识，还具有丰富的实践经验。他们能够结合理论知识和实际案例，帮助学生更好地理解和应用所学知识。同时，优秀的师资队伍还能够不断更新教学内容，根据行业发展的最新趋势和需求，调整教学内容和方法，确保教学内容与实际工作紧密结合，为学生提供更加贴近实际的学习体验。此外，优秀的师资队伍还能够为学生提供丰富的实践机会和项目实践，帮助他们将理论知识应用于实际工作中，培养实践能力和创新精神。通过参与实际项目和实践活动，学生可以更好地理解和掌握所学知识，培养解决实际问题的能力，为将来的职业发展打下坚实的基础。

（二）优秀师资能够为学生提供高质量的教育资源

优秀的师资队伍在为学生提供高质量的教育资源方面发挥着至关重要的作用。这些教师不仅具备扎实的学科知识和专业技能，还熟悉行业最新发展动态，能够将最前沿的知识和技术传授给学生。他们不断更新教学内容，结合实际案例和最新研究成果，帮助学生跟上行业发展的步伐。

第一，优秀的师资队伍能够将最新的理论知识和实践经验融入教学中。他们不断学习和探索，了解行业最新的发展趋势和技术应用，将这些最新的信息和知识传授给学生。通过与行业专家的交流和合作，优秀的师资队伍能够为学生提供最权威、最实用的教育资源，帮助他们在学术和实践中取得更好的成绩。

第二，优秀的师资队伍注重教学内容的更新和完善。他们结合实际案例和最新研究成果，设计和改进教学内容，使之更加符合实际需求和学生的学习目标。优秀的师资队伍注重培养学生的实践能力和创新意识，通过丰富的实践教学和项目实践，帮助学生将理论知识应用于实际工作中，培养学生的实践能力和创新精神。

（三）优秀师资能够激发学生的学习潜能和创新能力

优秀的师资队伍在激发学生的学习潜能和创新能力方面发挥着至关重要的作用。通过采用多种教学方法和手段，他们能够有效地激发学生的学习兴趣，引导他们积极参与课堂，实现个人学习目标。

第一，优秀的师资队伍注重教学方法的多样性。他们不拘泥于传统的讲授模式，而是根据学生的特点和学科的实际情况，灵活运用各种教学手段，如案例分析、小组讨论、实践操作等，使课堂内容更加生动有趣。通过引入实际案例和问题，激发学生的思维，培养他们的分析和解决问题的能力，从而激发其学习兴趣和动力。

第二，优秀的师资队伍重视个性化的指导和辅导。他们关注每个学生的学习情况和学习需求，针对性地为其提供个性化的学习计划和指导方案。通过与学生的交流和沟通，了解他们的学习困难和问题，及时给予帮助和指导，帮助他们克服障碍，实现学习目标。这种个性化的教学方式能够更好地激发学生的学习潜能，提高其学习效果和成绩。

第三，优秀的师资队伍注重培养学生的自主学习和探究精神。他们不仅是知识的传授者，更是学生学习的引导者和促进者。他们鼓励学生主动探索和思考问题，提倡学生之间的合作与交流，激发他们的创新能力和解决问题的能力。通过设立学习任务和项目实践，他们培养学生的自主学习意识和团队合作精神，使其具备独立思考和解决问题的能力。

二、师资队伍建设现状与问题

（一）教师缺乏实践经验和行业背景

在当前高校教师队伍中，存在一些教师缺乏实践经验和行业背景的问题，这在一定程度上影响了教学质量和学生实际能力的培养。具体表现在以下几个方面：首先，缺乏实践经验和行业背景导致教师无法及时了解行业需求和发展趋势。随着社会的快速发展和变化，行业需求和发展趋势在不断变化，教师如果缺乏实践经验和行业背景，就很难准确把握行业的最新动态和趋势，从而无法将最新的知识和技术传授给学生。其次，缺乏实践经验和行业背景影响了教师对学生实际能力的培养。在应用型人才培养中，重视实践能力的培养是至关重要的。但是，如果教师缺乏实践经验和行业背景，就很难将理论知识与实际工作相结合，使学生在学习过程中获得实践经验和技能。此外，缺乏实践经验和行业背景也会影响教师对课程内容的更新和调整。行业的发展变化需要课程内容不断更新和调整，以适应行业的需求。但是，如果教师缺乏实践经验和行业背景，就很难对课程内容进行及时的更新和调整，从而使课程内容与行业需求脱节。

（二）缺乏引进优秀师资的机制和渠道

一些高校存在着缺乏引进优秀师资的机制和渠道的问题，这导致了师资队伍结构单一，缺乏多样化和国际化的情况。具体表现在以下几个方面：第一，高校缺乏引进优秀师资的机制，导致了师资队伍结构单一。在当今社会，知识更新迅速，需要具备多元化背景和国际视野的教师来适应这一变化。然而，一些高校由于缺乏引进机制，往往只能在本地或本国范围内招聘教师，导致师资队伍结构单一，缺乏多样性。第二，高校缺乏引进优秀师资的渠道，也导致了师资队伍缺乏国际化。随着全球化的发展，国际化教育已成为高校发展的重要方向。然而，一些高校由于缺乏引进渠道，往往无法引进具有国际视野和背景的优秀师资，导致师资队伍缺乏国际化。

（三）缺乏培训机会和晋升通道

一些高校师资队伍建设存在的问题之一是缺乏培训机会和晋升通道，这导致教师的积极性不高。教师是教育教学的主体，其教学水平和专业能力直接影响着人才培养质量。然而，一些高校在教师培训和晋升方面存在着不足，导致教师缺乏进一步提升自身能力和水平的机会。

缺乏培训机会是当前高校师资队伍建设中的一个突出问题。随着社会发展和科技进步，教育教学理念和方法不断更新，教师需要不断提升自己的教学水平和专业能力。然而，一些高校的教师缺乏参加各类培训的机会，无法及时了解最新的教育教学理念和方法，影响了其教学质量和教学效果。

同时，缺乏晋升通道也是高校师资队伍建设中的一个问题。教师在教学和科研工作中积累了丰富的经验和成果，希望能够通过晋升获得更好的发展机会和待遇。然而，一些高校的晋升制度不够完善，晋升通道不畅，导致教师缺乏晋升的动力和机会，影响了其积极性和工作热情。

（四）缺乏科研支持和团队合作机会

在高校师资队伍建设中，存在着缺乏科研支持和团队合作机会的问题。这一问题影响了教师的学术水平和科研能力，从而制约了高校科研工作的开展和成果的产出。第一，缺乏科研支持是当前高校师资队伍建设中的一大障碍。科研支持包括项目资助、实验设备、文献检索和科研平台等方面。然而，一些高校由于经费不足或管理不善，无法为教师提供充足的科研支持，限制了教师开展科研工作的积极性和效果。第二，缺乏团队合作机会也是一个突出问题。科研是一个复杂的系统工程，需要不同领域和专业的人才共同合作。然而，一些高校的师资队伍结构单一，缺乏多样化和国际化，导致教师之间缺乏合作机会，难以形成科研团队，限制了科研水平和能力的提升。

（五）缺乏有效的评价机制

在高校师资队伍建设中，缺乏有效的评价机制是一个突出的问题。这一问题导致无法全面评估教师的教学质量和教学效果，影响了教师的教学改进和专业成长。第一，当前的评价机制存在主观性和不准确性的问题。评价结果往往受到个人喜好、主观偏见等因素的影响，难以客观反映教师的教学水平和教学效果。这种情况下，教师很难根据评价结果进行针对性的改进和提升。第二，现有的评价机制缺乏全面性和科学性。评价往往只关注教学效果的表面现象，而忽视了教学方法、教学内容设计、学生互动等更为重要的方面。这样的评价机制不能全面反映教师的教学水平和实际表现，导致评价结果的失真和不准确。

第二节　基于应用型人才培养
师资队伍建设的创新策略

一、教师引进与培养机制

（一）专业技能培训

1. 软件开发工具和框架培训

在当今日新月异的信息技术领域，教师的专业技能与时俱进至关重要。为了应对不断变化的技术和工具，组织教师参加软件开发工具和框架的培训显得尤为必要。这种培训旨在帮助教师掌握最新的技术和工具应用，以提升其专业素养和技术能力。培训内容不仅涵盖常见的开发工具，如集成开发环境（IDE）和版本控制工具等，更应扩展至涵盖流行的开发框架和平台，例如 Spring、React 等。这些框架和平台不仅在业界应用广泛，而且持续发展，具有强大的社区支持和丰富的资源。通过参加这些培训，教师能够了解和掌握这些工具的最新特性和最佳实践，从而更好地指导学生，促进他们的学习和成长。

软件开发工具和框架培训的重要性体现在多个方面。首先，随着技术的不断发展，新的开发工具和框架不断涌现，成为行业的主流。教师若不及时了解和掌握这些工具，就会跟不上行业的步伐，影响到教学质量和教学效果。其次，软件开发工具和框架的应用已经成为信息技术教育的重要组成部分。学生需要在课堂上学习并应用这些工具，以提升他们的实践能力和竞争力。而教师作为学生的引领者和指导者，必须具备足够的专业知识和技能，才能够有效地开展教学工作。因此，通过软件开发工具和框架的培训，教师不仅可以提升自身的专业水平，还可以更好地履行教学使命，为学生提供优质的教育资源和服务。

在软件开发工具和框架培训中，应该注重实践操作和案例分析。理论知识的传授只是培训的一部分，更重要的是让教师通过实际操作和实际项目练习，深入理解和掌握所学内容。例如，在学习某一开发框架时，可以结合具体的案例，让

111

教师通过实际操作来实现某一功能或解决某一问题。这样的培训方式不仅更具有针对性和实用性，还能够激发教师的学习兴趣，提高学习效率。

此外，软件开发工具和框架培训应该是持续性的。由于技术的更新换代速度较快，教师需要不断地学习和更新知识，才能够跟上时代的步伐。因此，学校应该定期组织这样的培训活动，为教师提供学习的机会和平台。同时，还可以鼓励教师积极参加相关的线上课程、研讨会和交流活动，拓宽视野，深化学习，不断提升自己的专业能力和竞争力。

2. 云计算和大数据技术培训

在当今信息技术领域，云计算和大数据技术的应用日益广泛，成为行业发展的关键驱动力之一。教师了解并掌握这些前沿技术，不仅有助于提升他们的专业水平，还能够更好地指导学生，推动教育教学的创新发展。因此，学校可以组织教师参加相关的培训课程，学习云计算平台和大数据处理框架，从而提高他们在这一领域的专业能力和竞争力。

云计算技术作为一种基于互联网的计算模式，已经成为信息技术领域的热门趋势之一。通过云计算平台，用户可以根据需要获取计算资源和存储资源，实现弹性扩展和按需付费。对于教育领域来说，云计算技术可以帮助学校提高信息化建设水平，实现教学资源的共享和协同，提升教学效率和教学质量。教师了解并掌握云计算技术，可以更好地利用云平台搭建教学环境，开展在线教学和远程教育，为学生提供更加灵活和便捷的学习方式。

与此同时，大数据技术作为一种处理和分析海量数据的技术，也在各个领域得到了广泛应用。在教育领域，大数据技术可以帮助学校分析学生的学习行为和学习情况，挖掘学生的潜在需求和问题，从而更好地指导教学工作。教师了解并掌握大数据处理框架，可以利用这些技术工具进行教学数据分析和挖掘，为教学决策提供科学依据和支持。

因此，学校组织教师参加云计算和大数据技术培训具有重要意义。这种培训不仅可以帮助教师了解行业最新的发展动态和趋势，还可以提升其在云计算和大数据领域的专业水平和技术能力。培训内容应该包括云计算平台的基本概念和应用场景、常用的云计算服务和工具，以及大数据处理框架的原理和应用实践等方面。通过培训，教师可以深入了解云计算和大数据技术的核心概念和关键技术，掌握其在教育领域的应用方法和实践经验，为教学工作提供更加有效的支持和保障。

在培训过程中，应该注重理论与实践相结合，通过案例分析和实际操作来加深教师对云计算和大数据技术的理解和掌握。同时，还应该鼓励教师参与项目实践和应用探索，通过实际项目的开展来巩固所学知识和技能，提高教师的实践能力和应变能力。此外，学校还可以为教师提供相应的学习资源和支持，鼓励他们参加相关的证书考试和竞赛活动，进一步提升其在云计算和大数据领域的专业水平和竞争力。

3. 人工智能和机器学习培训

在当今快速发展的科技领域，人工智能（AI）和机器学习（ML）技术正成为各个行业的关键驱动力，并在实践中发挥着越来越重要的作用。教师作为培养未来人才的重要角色，需要及时了解并掌握这些新兴技术，以便更好地引导学生，让他们适应未来社会的需求。因此，学校可以组织教师参加人工智能和机器学习的培训，学习相关算法、工具和平台，以提高其在这一领域的专业水平和能力。

人工智能和机器学习技术的快速发展为教育教学带来了许多新的机遇和挑战。这些技术不仅可以应用于教学内容的个性化推荐和智能评估，还可以支持教师进行教学过程的优化和改进。例如，利用机器学习算法分析学生的学习行为和学习情况，帮助教师更好地理解学生的学习状态，调整教学策略，提高教学效果。另外，人工智能还可以应用于教学资源的智能生成和自动化评价，为教学工作提供更加高效和便捷的支持。

在人工智能和机器学习培训中，教师可以学习到一系列相关的知识和技能，包括但不限于以下几个方面：

第一，教师可以学习人工智能和机器学习的基本概念和原理，包括各种常见的机器学习算法和模型，如监督学习、无监督学习和强化学习等。这些基础知识是理解和应用人工智能和机器学习技术的基础，对于教师来说至关重要。

第二，教师可以学习相关的编程语言和工具，如 Python 编程语言和常用的机器学习库（例如 Scikit-learn、TensorFlow 和 PyTorch 等）。通过学习这些编程工具，教师可以实现人工智能和机器学习算法的实际应用，并开展相应的教学实践。

第三，教师还可以学习到人工智能和机器学习在教育领域的具体应用案例和最佳实践。通过学习这些案例，教师可以深入了解人工智能和机器学习技术在教学工作中的实际应用场景，为自己的教学实践提供参考和借鉴。

第四，教师还可以学习到人工智能和机器学习的发展趋势和前沿动态，保持对行业最新技术的敏感度和了解度。随着人工智能和机器学习技术的不断发展，教师需要不断地更新知识和技能，以应对日益复杂的教学环境和需求。

（二）教学方法培训

1. 教学设计和教学策略培训

教学设计和教学策略培训是教师提升教学能力的重要途径之一。随着教育理论和教学方法的不断发展，教师需要不断更新自己的教学理念和教学技能，以适应不断变化的教育环境和学生需求。因此，学校可以开展教学设计和教学策略的培训，旨在帮助教师了解各种教学方法和策略的特点、原理以及在教学实践中的应用。

教学设计是指教师根据教学目标和学生特点，设计课程内容、教学活动和评价方式的过程。良好的教学设计能够有效地激发学生的学习兴趣，提高他们的学习效果。在教学设计培训中，教师可以学习到如何根据学科特点和学生需求，设计符合教学目标的教学内容和教学活动。例如，教师可以学习到如何设置启发性问题、设计项目式学习任务、利用多媒体技术进行教学等方法，以提升课堂教学的吸引力和有效性。

教学策略则是指教师在教学过程中采取的具体方法和手段，用以实现教学目标并促进学生的学习。不同的教学策略适用于不同的教学场景和学科内容。在教学策略培训中，教师可以学习到各种教学策略的特点、优缺点以及如何根据实际情况选择和运用合适的教学策略。例如，教师可以学习到如何运用问题解决法、合作学习、案例教学、翻转课堂等策略，以激发学生的思维，提高他们的学习兴趣和参与度。

教学设计和教学策略培训可以通过多种形式进行，如研讨会、讲座、工作坊、案例分析等。在培训过程中，可以邀请资深教育专家或教学经验丰富的教师分享他们的教学经验和教学案例，从而丰富教师的教学思路和教学方法。此外，还可以通过教学观摩、教学实践等方式，让教师亲身体验和感受不同教学方法和策略的效果，从而更加深入地理解和掌握。

2. 多媒体教学技术培训

随着科技的不断发展，多媒体技术已经成为现代教育领域中不可或缺的一部分。多媒体教学技术培训旨在帮助教师充分利用多媒体技术，丰富教学手段，提升教学效果。这种培训不仅包括了多媒体教学软件的操作和运用，还涉及教学设计、内容制作、教学资源的挖掘与利用等多个方面。通过这样的培训，教师可以更加灵活地运用多媒体技术，提升课堂教学的活跃度和趣味性，从而更好地满足学生的学习需求。

第一，多媒体教学技术培训可以帮助教师了解各种多媒体教学软件的特点和功能，掌握其基本操作方法。这些软件包括但不限于 PowerPoint、Prezi、Adobe Captivate 等，它们可以用于制作幻灯片、动画、视频等多种教学资源，丰富课堂教学内容，激发学生的学习兴趣。

第二，多媒体教学技术培训还应包括教学设计和内容制作方面的知识和技能。教师需要学习如何根据课程内容和学生特点，设计和制作符合教学目标的多媒体教学资源。这包括了如何选择合适的教学素材、设计清晰明了的教学结构、运用多媒体技术提升教学效果等内容。

第三，多媒体教学技术培训还可以涉及教学资源的挖掘与利用。教师可以学习如何在互联网上寻找高质量的教学资源，如视频、图片、音频等，以及如何将这些资源有机地融入自己的教学实践中，丰富课堂教学内容，提升学生的学习体验。

在多媒体教学技术培训过程中，实践是至关重要的。学校可以通过组织实践操作、教学案例分析、教学观摩等形式，让教师亲自动手制作多媒体教学资源，体验多媒体教学技术的魅力，并从实践中不断总结经验，提升技能水平。

3. 学科整合和跨学科教学培训

学科整合和跨学科教学培训是教师提高教学水平和适应现代教育需求的重要途径之一。在当今知识高度交叉和融合的时代背景下，单一学科的知识已经难以满足复杂问题的解决需求。因此，跨学科教学成为一种必然趋势，而学科整合和跨学科教学培训则成为促进教师跨学科教学能力提升的有效途径。

第一，学科整合和跨学科教学培训有助于教师了解跨学科教学的概念和意义。跨学科教学强调不同学科之间的相互联系和综合运用，能够帮助学生全面理解和解决复杂问题。通过培训，教师可以深入了解跨学科教学的核心理念和教学策略，加深其对跨学科教学的认识和理解。

第二，学科整合和跨学科教学培训提供了丰富的教学案例和实践经验。教师可以通过学习和分析跨学科教学的成功案例，了解不同学科之间的融合方式和教学方法。同时，培训还可以组织教师进行跨学科教学实践活动，让他们亲身体验跨学科教学的魅力，并从实践中不断总结经验，提升教学能力。

第三，学科整合和跨学科教学培训还有助于提高教师的综合素质和跨学科思维能力。跨学科教学要求教师具备广泛的知识背景和跨学科的思维方式，能够将不同学科的知识有机地整合起来，设计和实施跨学科教学活动。通过培训，教师可以不断拓宽自己的学科视野，提高跨学科思维能力，从而更好地满足学生的学习需求。

第四，学科整合和跨学科教学培训也是教师教学创新的重要支撑。跨学科教学能够激发学生的学习兴趣，提高其学习动机和参与度。通过学科整合和跨学科教学培训，教师可以学习到更多创新的教学方法和策略，为课堂教学注入新的活力和灵感，推动教育教学质量的不断提升。

（三）学科前沿研究

1. 学术会议和研讨会参与

参与学术会议和研讨会是教师开展学科前沿研究和学术交流的重要途径，也是促进教师专业成长和学术发展的关键举措之一。学校可以通过鼓励教师积极参与学术会议和研讨会，为其提供展示研究成果、分享学术观点、拓宽学术视野的平台，从而有效促进教师的学术交流与合作，提升其学术造诣和科研水平。

第一，参与学术会议和研讨会有助于教师了解最新的研究动态和前沿技术。学术会议和研讨会是学术界交流最活跃的平台之一，吸引了众多国内外专家学者的参与，汇聚了最新的研究成果和学术观点。教师参与这些会议和研讨会，可以及时了解到最新的学术进展和前沿技术，保持学科知识的更新与深化。

第二，参与学术会议和研讨会有助于教师拓宽学术视野和思路。在学术会议和研讨会上，教师不仅可以听取来自各个领域的专家学者的报告和演讲，还可以参与学术讨论和交流，分享自己的研究成果和学术观点，倾听他人的见解和建议。这种学术交流与碰撞可以帮助教师拓宽学术视野，激发创新思维，启发新的研究思路。

第三，参与学术会议和研讨会还有助于教师建立学术合作关系和网络。在学术会议和研讨会上，教师有机会与国内外优秀的专家学者进行面对面的交流与互动，建立起广泛的学术合作关系和合作网络。通过与他人的交流与合作，教师可以共同探讨学术问题，开展合作研究项目，共同推动学科的发展和进步。

第四，参与学术会议和研讨会有助于提升教师的学术声誉和影响力。在学术会议和研讨会上，教师可以通过展示自己的研究成果和学术观点，赢得同行的认可和尊重，树立良好的学术形象和声誉。这有助于提升教师在学术界的知名度和影响力，为其今后的学术发展和职业发展打下良好的基础。

2. 科研项目申请和实施

学校可以通过鼓励教师积极申请和参与科研项目来推动科研活动的开展和实施。这种举措不仅有助于提升教师的科研水平和实践经验，还能够促进学校与产业界和科研机构之间的合作与交流，推动科技创新和人才培养的有机结合。在科研项目的申请和实施过程中，学校应该提供必要的支持和资源，以确保项目的顺利开展和取得更好的成果。

第一，学校可以为教师提供相关科研项目的信息和指导，鼓励他们积极参与科研项目的申请。通过向教师提供科研项目的申请条件、流程和指南，帮助他们了解如何准备和提交科研项目申请书，提高申请成功的机会。此外，学校还可以组织相关培训和讲座，提供科研项目申请的技巧和经验分享，帮助教师提升科研项目申请的能力和水平。

第二，学校可以为教师提供必要的支持和资源，帮助他们顺利完成科研项目的实施。这包括提供科研经费、实验设备、实验场地等方面的支持，以及提供科研人员的配备和协助。同时，学校还可以为教师提供科研项目管理和执行的指导和支持，帮助他们合理规划和组织科研工作，确保项目的顺利实施和取得更好的成果。

第三，学校可以通过鼓励教师积极申请和参与科研项目来推动科研活动的开展和实施。这种举措不仅有助于提升教师的科研水平和实践经验，还能够促进学校与产业界和科研机构之间的合作与交流，推动科技创新和人才培养的有机结合。在科研项目的申请和实施过程中，学校应该提供必要的支持和资源，以确保项目的顺利开展和取得更好的成果。

3. 学术期刊发表和学术交流

学术期刊发表和学术交流是教师展示研究成果、扩大学术影响力、促进学科发展的重要途径。学校可以采取多种方式鼓励教师积极参与学术期刊发表和学术交流活动，以推动教师的学术研究与交流，提升学校的学术声誉和影响力。

第一，学校可以通过提供相关政策和奖励机制来鼓励教师积极投稿学术期刊。这包括设立学术成果奖励制度，对发表高水平论文的教师给予表彰和奖励，激励教师积极投稿、提高发表质量。此外，学校还可以为教师提供学术期刊发表的指导和支持，包括论文写作技巧、期刊选择指导等，帮助教师顺利完成论文的撰写和投稿过程。

第二，学校可以组织学术交流活动，为教师提供展示研究成果、交流学术观点的平台。这包括举办学术讲座、研讨会、学术沙龙等活动，邀请国内外知名学者和专家来校交流讲学，促进学术交流与合作。此外，学校还可以支持教师参加国内外学术会议和研讨会，与同行进行深入交流和合作，拓宽学术视野，提升学术水平。

第三，学校还应该加强对教师的学术培训和指导，提升其学术发表和交流的能力。这包括开展学术写作培训、学术论文写作指导、学术交流技巧培训等，帮助教师掌握学术写作和交流的技巧，提高学术成果的质量和影响力。

4.科研团队建设和合作

科研团队建设和合作对于推动学科前沿研究和提高科研水平至关重要。在学校层面,建立具有一定规模和专业化水平的科研团队是实现这一目标的有效途径。这些科研团队可以由教师和研究人员组成，涵盖多个学科领域，旨在促进教师之间的合作和交流，发挥集体智慧，共同攻克科研难题。

第一，学校可以通过科研项目和课题的组建来促进科研团队的建设。通过设立各类科研项目和课题，学校可以引导教师们自发地组成科研团队，共同攻克科研难题。这些科研项目和课题既可以是学校内部组织的，也可以是与企业、科研机构等外部合作的，从而实现资源共享、优势互补，提高科研效率和成果质量。

第二，学校可以提供相应的支持和资源，促进科研团队的发展和合作。这包括提供科研经费、实验设备、研究场地等基础条件，为科研团队的开展提供必要的支持和保障。同时，学校还可以为科研团队提供专业的科研指导和管理服务，帮助团队成员规划和执行科研项目，提高科研效率和成果质量。

第三，学校可以鼓励教师之间开展跨学科合作，促进科研团队的跨学科交叉融合。现实问题往往需要跨学科的综合解决方案，而跨学科合作可以促进不同学科领域之间的交流与合作，拓宽科研视野，推动学科交叉融合的发展。

第四，学校还可以组织各类学术交流活动，为科研团队的建设和合作提供平台和机会。例如，学术讲座、研讨会、学术会议等活动可以为教师们提供交流与合作的机会，促进学术思想的碰撞和交流，激发科研创新的活力。

（四）导师制度建设

1. 新教师导师指导和辅导

新教师导师指导和辅导是学校师资队伍建设中的重要环节，对于新教师的成长和发展具有重要意义。建立健全的导师制度，为新教师提供及时有效的指导和支持，有助于他们尽快适应教学工作并提升专业能力。

第一，导师制度的建立应当注重选聘合适的导师。导师应具有丰富的教学经验和专业知识，能够有效地指导和辅导新教师的教学工作。此外，导师还应具备较强的沟通能力和人际交往能力，能够与新教师建立良好的师生关系，促进有效的教学互动和交流。

第二，导师与新教师之间应建立起密切的联系和互动机制。导师可以定期与新教师进行面对面的交流和沟通，了解其教学情况和需求，及时解答疑惑，提供指导和支持。通过定期的导师指导会议或教学辅导讨论，可以帮助新教师及时解决教学中的问题，改进教学方法，提高教学效果。

第三，导师还应向新教师传授教学经验和教学技巧。导师可以分享自己的教学经验和教学方法，指导新教师如何设计教学计划、准备教学材料、组织教学活动等。通过实际案例分析和教学示范，导师可以帮助新教师更好地理解和掌握教学的要领和技巧，提高教学水平和专业能力。

除了教学方面的指导，导师还应关注新教师的个人成长和发展。导师可以与新教师进行个性化的职业规划和发展指导，帮助他们明确教学和科研目标，拓展教学和研究领域，提升职业竞争力和发展潜力。同时，导师还应关注新教师的心理健康和工作状态，及时发现并解决工作和生活中的困扰和问题，帮助他们保持积极向上的工作态度和良好的工作状态。

2. 定期评估机制和反馈机制

学校建立定期评估机制和反馈机制对于教师的专业发展和教学质量的提升至关重要。定期评估机制能够帮助学校全面了解教师的教学效果和学术成果，及时发现问题和不足，为教师提供必要的指导和支持。同时，反馈机制则能够促进学生和同事对教师的教学进行评价和反馈，有助于教师及时调整和改进教学方法，提高教学质量。

定期评估机制通常包括两个方面的内容：教学效果评估和学术成果评估。教学效果评估主要从教学效果、教学方法、教学态度等方面对教师的教学进行全面评价。学校可以通过学生评教、同行评审、教学观摩等方式，收集教师的教学反馈和评价，以客观的数据和指标来评估教师的教学水平和教学效果。而学术成果评估则主要针对教师的科研工作和学术成果进行评价，包括科研项目、论文发表、学术影响等方面的评估。

针对定期评估中发现的问题和不足，学校应该建立相应的支持和指导机制，为教师提供针对性的培训和辅导。学校可以组织教师参加教学方法培训、学科前沿研究交流等活动，帮助教师提升教学和科研能力。同时，学校还可以为教师提供专业的辅导人员，与教师共同探讨和解决教学中的问题，促进教师的专业成长和发展。

除了定期评估机制，建立反馈机制也是教师专业发展的重要途径之一。学生和同事对教师的教学进行评价和反馈，能够为教师提供多维度、全方位的信息，帮助教师全面了解自己的教学情况和不足之处。学校可以建立在线评教系统或定期开展教学满意度调查，收集学生对教师教学的评价和建议。同时，学校还可以组织同行评课和教学观摩活动，让教师相互学习和借鉴，促进教学水平的提高。

（五）终身学习机制

1.学术进修和学位课程

学术进修和学位课程对于教师的专业发展和教学水平提升至关重要。学校可以建立教师终身学习机制，为教师提供广泛的学习资源和培训机会，鼓励他们持续学习和进修。通过参加学术进修和学位课程，教师能够不断深化和更新自己的专业知识，提高教学水平和科研能力。

第一，学术进修和学位课程为教师提供了深入学习和探讨学科前沿理论和研究成果的平台。通过参加学术研讨会、专题讲座、学术论坛等活动，教师可以了解最新的学术进展和研究趋势，拓宽自己的学术视野，掌握前沿理论和方法，从而更好地指导学生的学习和科研工作。

第二，学术进修和学位课程有助于教师提升教学能力和教学方法。教师可以参加教学设计、教学评估、课堂管理等方面的培训课程，学习最新的教学理论和教学策略，提高自己的教学技能和教学水平。通过学习优秀的教学案例和实践经验，教师能够更加灵活地运用各种教学方法，满足不同学生的学习需求，提高教学效果。

第三，学术进修和学位课程也是教师继续专业发展和职业晋升的重要途径。

教师可以通过攻读硕士、博士学位或专业证书，提升自己的学历和学术水平，增强自己在学术界和教育界的竞争力。学校可以为教师提供资金支持和学习资源，鼓励他们积极申请各类学位课程和进修项目，实现教师的全面发展和成长。

2.学术交流和合作项目

学术交流和合作项目对于教师的学术成长和学科发展具有重要意义。学校可以通过多种方式鼓励教师积极参与国内外学术交流活动，并促进他们与同行进行合作项目。这种跨界合作不仅有助于拓宽教师的学术视野和提升科研水平，还能够推动学科的发展和提高学校的学术声誉。

第一，学术交流活动为教师提供了与国内外同行进行深入交流和合作的平台。通过参加国际学术会议、学术研讨会、专题讲座等活动，教师可以了解最新的研究成果、前沿技术和学术趋势，与专家学者进行面对面的交流和探讨，从而拓宽自己的学术视野，汲取他人的智慧，激发自己的创新思维。

第二，合作项目是促进教师之间合作与交流的重要途径。学校可以鼓励教师参与国内外的合作项目，与其他高校、科研机构或企业进行跨界合作，共同开展科研项目、教学改革项目等。通过合作项目，教师们可以充分发挥各自的专业优势，共同攻克科研难题，推动学科的发展，提高学术影响力和竞争力。

第三，学术交流和合作项目还有助于提高学校的学术声誉和影响力。通过与国内外一流学术机构的合作，学校可以扩大自己的学术影响力和知名度，吸引更多的优秀人才和资源，推动学校的科研水平和学科建设取得新的突破。

二、教师创新能力提升计划

（一）绩效考核体系

1.教学效果评价

教学效果评价是教师绩效考核中全关重要的一环，对于提高教学质量、促进教师专业成长和学校教育水平的提升具有重要意义。学校可以采用多种方式对教师的教学效果进行全面评价，以确保评价结果客观准确，为教师提供有效的指导和支持。

第一，学校可以借助学生评价来评价教师的教学效果。学生是教学活动的直接受益者，他们的评价反映了教学质量和教学效果的实际情况。学校可以通过匿名问卷调查等方式收集学生对教师教学的意见和建议，了解教师在教学内容传授、教学方法运用、教学态度等方面的表现，为教师的教学改进提供重要参考。

第二，教学观摩评议是评价教师教学效果的另一种重要方式。学校可以组织同行教师对其他教师的课堂进行观摩评议，通过观摩课堂教学活动和听取评议意见，评价教师的教学水平和教学效果。这种方式可以促进教师之间的交流与合作，分享教学经验，发现问题并及时加以改进。

第三，教学成果评定也是评价教师教学效果的重要途径。学校可以结合教学评价指标和教学效果考核标准，对教师的教学成果进行评定。教学成果评定不仅包括学生的学习成绩和表现，还应考虑教学过程中教师的教学设计、教学方法运用、学科知识掌握等方面的表现，全面客观地评价教师的教学效果。

2. 科研成果评价

科研成果评价是评价教师科研水平和研究成就的重要手段，对于科研型教师的绩效考核至关重要。学校可以通过多方面对教师的科研成果进行评价，以客观反映教师在学术研究方面的贡献和水平。

第一，学校可以评价教师的科研论文发表情况。科研论文的发表是评价教师科研水平的重要指标之一，学校可以根据教师在国内外学术期刊上发表的论文数量和质量，评价其学术研究的成果和水平。除了发表的数量外，还应考虑论文被引用的次数、发表在高水平期刊上的情况等因素，综合评价教师的学术影响力和学术地位。

第二，科研项目申报和承担情况也是评价教师科研成果的重要内容之一。学校可以评价教师参与科研项目的数量、项目经费的规模、项目的实施进展和成果转化情况等方面。教师是否能够主持或参与国家级、省部级科研项目，是否能够承担重点项目或横向课题，都是评价教师科研能力和水平的重要指标。

第三，学校还可以评价教师的科研成果转化情况。科研成果的转化能够直接反映科研工作的实际价值和社会影响力，学校可以评价教师的科研成果是否能够转化为实际的应用和产出。例如，科研成果是否能够转化为专利、技术成果、产品或解决实际问题的方案等，都可以作为评价教师科研成果的重要指标。

3. 社会服务评价

社会服务评价是评价教师绩效的重要组成部分，它不仅反映了教师在学术研究领域的成就，还突显了教师在社会服务和校园管理方面的作用和影响。学校可以通过多种方式评价教师的社会服务，以全面了解教师在这一领域的表现和贡献。

第一，学校可以评价教师参与社会活动的情况。社会活动包括学术会议的组织、学术论坛的参与、公益活动的志愿服务等。教师积极参与社会活动不仅能够拓展学校的社会影响力，还能够为社会提供专业知识和服务，促进学校与社会各界的交流与合作。

第二，学校可以评价教师为企业提供咨询服务的情况。教师作为专业人士，具有丰富的学术知识和实践经验，可以为企业提供专业咨询和指导，帮助其解决实际问题、提升竞争力。学校可以评估教师参与企业咨询项目的数量、质量以及咨询效果，以此评价教师在社会服务方面的贡献。

第三，学校还可以评价教师参与学校管理和组织的情况。教师在学校管理中承担着重要的角色，包括学科建设、课程设计、学生指导等方面。学校可以评估教师在学校管理中的参与度、贡献度以及管理效果，以此评价教师在学校服务方面的表现。

（二）创新项目评审

1. 项目可行性评估

项目可行性评估是对教师提出的创新项目进行全面评价的重要步骤。在评审和评估过程中，评审机构需要综合考虑多个方面的因素，以确定项目的可行性和潜在价值。

第一，评审机构应对项目的目标进行评估。项目的目标应该明确、具体，并与学校或教育机构的发展战略和教育目标相一致。评审机构需要评估项目的目标是否清晰明确，是否能够解决实际问题，是否与学校的整体发展目标相契合。

第二，评审机构需要对项目的内容和方法进行评估。项目的内容应该具有创新性和实用性，能够引领或促进教育领域的发展。评审机构需要评估项目的独特性、可操作性和实施难度，以及项目所采用的方法是否科学合理、有效可行。

第三，评审机构需要对项目的预期效果进行评估。项目的预期效果应该能够产生积极的社会影响和教育效果，具有一定的可量化指标和可验证性。评审机构需要评估项目的预期成果是否具有可实现性，是否能够达到预期目标，是否能够满足各方利益相关者的需求。

第四，评审机构还应考虑项目的资源投入和回报情况。评审机构需要评估项目所需的人力、物力、财力等资源投入是否合理可行，以及项目的预期回报和收益是否能够与资源投入相匹配。

2. 奖励和支持机制

奖励和支持机制在促进教师创新活动中起着至关重要的作用。通过对创新项目的支持和奖励，学校可以有效激励教师参与创新活动，推动科研和教学水平的提升。

一方面，支持机制是保障创新项目顺利实施的重要手段之一。学校可以通过提供项目经费、提供实验室设备和技术支持、为项目提供必要的场地和资源等方式，为教师的创新项目提供支持。这些支持措施可以帮助教师克服项目实施中的各种困难和挑战，确保项目的顺利进行和取得预期效果。

另一方面，奖励机制是激励教师积极参与创新活动的重要手段。学校可以通过颁发荣誉称号、发放奖金、提供学术交流机会等方式，对教师参与创新项目的积极性和贡献给予肯定和奖励。这些奖励不仅可以提高教师的工作积极性和创造力，还可以树立起良好的榜样和示范效应，推动更多教师参与到创新活动中来。

（三）教学成果奖励

1. 教学成果评定标准

教学成果评定标准的建立对于评价教师的教学工作和提升教学质量至关重要。这些评定标准应该综合考量教师在教学设计、教学方法创新以及教学效果等方面的表现，以客观、全面的方式评价教师的教学成就。

第一，教学效果是评定标准的重要指标之一。评价教师的教学效果可以从学生的学习成绩、学习态度、课堂参与度等方面进行考量。教师的教学应该能够有效地促进学生的学习，使他们掌握必要的知识和技能，并在学术、职业或个人发展方面取得明显的进步。

第二，教学质量是评定标准的另一个重要维度。评价教师的教学质量可以考虑教学内容的科学性、教学组织的合理性、教学方法的多样性等因素。高质量的教学应该能够满足学生的学习需求，激发学生的学习兴趣，提升教学效果。

第三，教学方法创新也是评定标准的重要内容之一。教师是否能够运用新颖的教学方法和策略，是否能够根据学科特点和学生需求进行灵活的教学设计，这些都是评价教学方法创新的关键指标。创新的教学方法能够使教学更加生动有趣，提高学生的学习效果和学习兴趣。

第四，学生评价也是评定标准的重要依据之一。学生是教学的直接受益者，他们的评价能够客观反映教师的教学效果和教学质量。学校可以通过学生的问卷调查、反馈意见等方式，收集学生对教师教学的评价，从而为教师的教学成果评定提供重要参考。

2. 奖励措施

对于被评定为优秀的教学成果，学校应该设立相应的奖励措施，以充分肯定教师在教学方面的创新和贡献。这些奖励措施不仅可以激励教师持续改进教学方法，提升教学质量，还可以营造积极向上的教学氛围，推动教育事业的发展。

第一，学校可以授予优秀教师荣誉称号，如"优秀教学奖""教学能手"等，以表彰他们在教学方面的突出表现和卓越成就。这种荣誉称号不仅是对教师个人的褒奖，也是对整个学校教学工作的肯定，有助于树立榜样和导向，推动更多教师向优秀教学成果目标迈进。

第二，奖金是另一种常见的奖励形式，可以作为对教师教学成果的直接认可和回报。学校可以根据教师的教学成果和贡献程度，设立不同层次的奖金，作为教师的额外收入或者特别奖励，以激励他们更加努力地投入到教学工作中。

第三，为优秀教学成果提供展示机会也是一种有效的奖励措施。学校可以组织教学成果展示活动，邀请优秀教师分享其教学经验和成功案例，以便其他教师借鉴和学习。这种展示机会不仅可以增加教师的曝光度和影响力，还可以促进教学成果的交流和分享，进一步提升整体教学水平。

（四）学术声誉评估

1. 学术论文发表

评价教师的学术声誉和影响力，学术论文发表情况是一个重要的考量因素。学术论文的发表不仅仅是对教师学术水平和研究能力的一种客观反映，同时也是衡量教师在学术领域地位和贡献的重要指标之一。

第一，学术论文发表是教师在学术界获得认可和尊重的主要途径之一。通过在高水平学术期刊上发表论文，教师可以向同行展示其研究成果和学术观点，获得同行的认可和肯定。这种认可不仅可以提升教师在学术界的声誉，还可以为其进一步的学术研究和合作打下良好的基础。

第二，学术论文的发表情况也直接影响教师的学术影响力和地位。在学术界，影响力往往与论文的数量和质量密切相关。教师发表的高质量论文能够为学术界带来新的思想和观点，推动学科的发展和进步，从而提升其在学术界的地位和影响力。同时，被引用率也是衡量论文影响力的重要指标之一，被广泛引用的论文往往意味着其在学术界的重要性和影响力。

第三，学术论文的发表情况还可以直接影响教师的职业发展和晋升机会。在一些学术型岗位或机构中，教师的晋升往往与其学术成就和学术声誉密切相关。因此，通过发表高水平的学术论文，教师不仅可以提升自己在学术界的地位和声誉，还有利于其职业发展和晋升。

2. 学术会议组织

教师组织学术会议是提升其学术影响力和学术地位的重要途径之一。在评价教师的学术声誉时，学术会议组织工作往往被视为一个重要的参考指标。教师参与学术会议组织工作的贡献包括但不限于担任组织委员会成员、主持分会场或主题讲座、撰写会议报告等，这些工作都能够有效地提升其学术声誉和地位。

第一，教师参与学术会议组织工作可以展现其学术领域的专业知识和领导能力。担任组织委员会成员或主持分会场需要教师具备扎实的学术背景和丰富的学术经验，同时还需要具备良好的组织和沟通能力。通过组织学术会议，教师能够展现自己在学术领域的专业水平和领导才能，从而提升其在同行中的学术声誉。

第二，教师参与学术会议组织工作也有助于扩展其学术影响力和人脉资源。作为组织者或主持人，教师将有机会与国内外同行进行深入交流和合作，结识更多的学术精英和专家学者。这些人脉资源的拓展不仅可以促进学术合作和研究项目的开展，还能够为教师个人的学术发展和职业晋升提供有力支持。

第三，教师参与学术会议组织工作还能够为其带来学术成果的展示和宣传机会。在学术会议上，教师有机会向同行展示其研究成果和学术观点，与他人分享自己的研究成果和心得体会。这种学术交流和展示不仅可以增加教师的学术曝光度，还能够提升其在学术界的知名度和影响力。

3. 学术成果转化

教师的学术成果转化是评价其学术声誉的重要考量之一。学术成果转化指的是教师在学术研究领域取得的成果能否成功地应用于实际生产和社会发展中，具有显著的经济、社会或者科技效益。教师的学术成果转化能力既是其学术水平和研究能力的体现，也是其对社会的贡献和影响的具体体现。

第一，教师的学术成果转化能力直接反映了其在学术研究领域的创新能力和实践能力。通过将学术研究成果转化为实际应用，教师能够证明自己的研究成果具有实际可行性和应用前景，进而增强其在学术界和产业界的影响力和声誉。例如，教师通过将自己的科研成果转化为产品或者技术，可以为企业的技术创新和产业升级提供重要支持，从而获得业界的认可和尊重。

第二，教师的学术成果转化能力对于促进科技创新和社会经济发展具有重要意义。教师的学术研究成果如果能够成功转化为实际应用，将有助于推动科技创新和产业发展，提高国家的科技竞争力和经济实力。教师通过学术成果转化，可以为解决社会问题、推动经济发展、提升民生福祉做出积极贡献，从而赢得社会的广泛认可和赞誉。

第三，教师的学术成果转化还可以为学校的科研实力和学术声誉增添光彩。学校作为教师学术研究的重要平台和支持机构，通过鼓励和支持教师的学术成果转化，不仅可以提升学校的科研影响力和知名度，还可以吸引更多的科研人才和资金投入，推动学校科研水平和学术声誉的不断提升。

（五）综合评价与激励机制

为了有效评价教师的创新成果并激励其积极创新和发展，建立科学合理的综合评价机制和激励机制至关重要。这些机制应该综合考量教学、科研、社会服务等方面的表现，以客观、公正、公平的方式对教师进行评价，并给予相应的奖励和支持，以此推动教师队伍的整体发展和提升。

第一，综合评价机制应该以多维度、多指标为基础，包括但不限于教学质量、科研水平、社会服务和学术声誉等方面。这种综合评价可以通过定量和定性相结合的方式进行，既包括客观数据的统计分析，也考虑教师的专业能力、影响力和社会贡献等因素。例如，可以考虑教学评估结果、科研项目成果、学术论文发表情况、社会服务项目参与度等方面的指标，综合评价教师的工作表现。

第二，激励机制应该根据教师的评价结果给予相应的奖励和支持，以激发其创新潜能和工作热情。奖励可以包括荣誉称号、奖金、学术交流机会、科研项目支持等，根据教师的表现和贡献进行差异化设置，鼓励优秀教师继续发挥其优势和潜力。此外，还可以提供专业培训和个性化发展计划，帮助教师不断提升自身能力和水平，实现个人和团队的共同成长。

同时，综合评价与激励机制还应该加强对优秀教师的示范和引领，营造良好的激励氛围。通过表彰先进典型、开展学术交流和经验分享等活动，让优秀教师成为其他教师的学习榜样，推动整个师资队伍的积极向上发展。此外，还可以建立教师交流平台，促进教师之间的互相学习和合作，激发创新思维和团队合作精神。

第六章　产学合作与实践环节的创新策略

第一节　产学合作的创新模式

一、产业界创新资源的整合

应用型人才与学历型人才有区别，应用型人才培养的是与企业更加契合，更适合企业发展，注重基础和生产的人才。为加强学生的实践应用能力，学校需要加强校企合作，为学生提供更好的实践场地。

（一）定制化课程设计

1.合作需求分析

（1）企业需求调研

在进行合作需求分析之初，学校与企业应当共同开展深入的调研，以全面了解企业的业务模式、发展战略和人才需求。这包括对企业所在行业的市场情况、技术发展趋势以及竞争对手的情况进行分析。通过调研，学校能够更准确地把握企业的实际需求，为后续的课程设计提供重要参考。

（2）人才需求分析

除了了解企业的业务模式和发展战略外，学校还应该重点关注企业的人才需求。这包括对企业当前和未来的人才需求进行分析，明确企业对人才的技能、素质和能力等方面的要求。通过人才需求分析，学校可以有针对性地设计课程，培养符合企业需求的应用型人才。

（3）教学资源评估

在了解企业需求的基础上，学校还应该评估自身的教学资源和师资队伍。这包括评估教师的专业背景、教学水平以及教学设施和实验室等方面的条件。通过教学资源的评估，学校可以确定自身的优势和不足，为与企业的合作提供参考依据。

（4）学生素质调查

最后，学校还应该对学生的素质进行调查和评估。这包括对学生的专业知识水平、实践能力以及创新意识等方面进行分析。通过学生素质的调查，学校可以了解学生的现状和发展需求，为定制化课程的设计提供指导意见。

2. 课程大纲制定

（1）核心内容确定

在进行课程大纲制定时，学校与企业应首先确定课程的核心内容。这包括确定课程的主题和重点，明确课程的目标和学习任务。通过明确核心内容，可以确保定制化课程与企业需求紧密契合，培养出符合企业用人需求的应用型人才。

（2）教学目标设定

除了确定核心内容外，学校与企业还应该共同设定教学目标。这包括明确课程的预期效果和学习成果，为学生的学习提供明确的方向和指导。教学目标应该与企业的实际需求相一致，能够全面反映学生应具备的能力和素质。

（3）教学方法选择

在课程大纲制定过程中，还需要选择适合的教学方法。这包括确定教学内容的组织结构、教学活动的设计以及评价方式的确定等。教学方法应该灵活多样，能够充分激发学生的学习兴趣，培养其实践能力和创新精神。

（4）课程评估机制

最后，在课程大纲制定中，还需要设计课程评估机制。这包括确定课程的评价标准和评价方法，以及评价结果的反馈和运用等。课程评估机制应该能够全面客观地评价学生的学习情况和实践能力，为课程的持续改进提供参考依据。

3. 教学内容设计

（1）实践案例选取

在教学内容设计阶段，学校与企业应共同选取符合课程目标和企业需求的实践案例。这些案例可以是企业实际项目中遇到的问题或者是行业内的经典案例。通过实践案例的选取，学生可以更加直观地了解课程内容和企业实际运作情况，培养解决问题的能力。

（2）理论与实践结合

教学内容设计应注重理论与实践的结合。除了传授理论知识外，还应该注重实践操作和案例分析。通过理论与实践相结合的教学方法，学生可以将所学知识应用到实际工作中去，提升实践应用能力。

（3）行业前沿资讯分享

教学内容设计还应包括行业前沿资讯的分享。学校与企业可以共同组织行业专家讲座、行业研讨会等活动，及时传递最新的行业动态和技术发展趋势。通过行业前沿资讯的分享，学生可以了解行业的最新动态，拓宽专业视野，为未来的职业发展做好准备。

（4）实践技能培训

最后，在教学内容设计中还应包括实践技能培训。学校与企业可以共同组织实践技能培训课程，教授学生实际操作技能和工作技能。这些技能培训可以包括操作技能、实验技能、软件应用等方面，以满足企业对人才实际工作能力的需求。通过实践技能培训，学生可以掌握行业实用技能，提高就业竞争力。

4. 实践项目规划

（1）项目选题

在实践项目规划阶段，学校与企业需要共同确定实践项目的选题。这需要结合课程目标和企业需求，选择符合学生学习水平和能力的实践项目。同时，选题还应具有一定的实践性和应用价值，能够培养学生的实践能力和创新意识。

（2）项目设计

确定实践项目选题后，学校与企业需要共同设计实践项目的具体方案。这包括确定项目的目标和任务、制定项目计划和进度安排等。项目设计应该充分考虑学生的实际情况和学习需求，确保项目的顺利实施和学生的学习效果。

（3）指导与支持

在实践项目实施过程中，学校与企业需要为学生提供指导与支持。这包括指导学生进行实践活动、解决实际问题、掌握实践技能等。学校可以安排专业教师或企业导师担任实践项目的指导教师，为学生提供必要的指导和支持。

（4）成果展示与总结

实践项目结束后，学校与企业应该共同组织成果展示与总结活动。这包括学生对项目成果的展示、经验总结和问题探讨等。通过成果展示与总结，可以及时发现项目中存在的问题和不足，为今后的实践活动提供借鉴和改进的思路。

5. 课程评估与调整

（1）评价标准确定

在课程评估与调整阶段，学校与企业需要共同确定评价标准。这包括确定评价指标和评价方法，明确评价的对象和内容等。评价标准应该能够客观全面地反映学生的学习情况和实践能力，为课程的有效性和实用性提供参考依据。

（2）评价工具设计

除了确定评价标准外，还需要设计评价工具。评价工具可以包括问卷调查、实践报告、项目展示等形式，通过不同的评价工具对学生进行全面多维度的评价。评价工具的设计应该结合课程目标和学生需求，确保评价结果的准确性和可靠性。

（3）评价结果分析

评价结果分析是课程评估与调整的关键环节。学校与企业需要共同分析评价结果，发现学生的优势和不足，找出课程存在的问题和改进的空间。通过评价结果分析，可以及时调整教学方法和课程内容，提高课程的教学质量和实用效果。

（4）课程调整优化

最后，在评价结果分析的基础上，学校与企业需要共同进行课程调整优化。这包括对课程内容、教学方法、实践项目等方面进行调整和优化，以提升课程的适用性和实用性。课程调整优化应该是一个持续的过程，不断改进，不断提高，以适应社会发展的需求。

（二）实践基地建设

1. 实践基地选择

建立实践基地对于学生的职业发展至关重要，因此在选择实践基地时，学校与企业需要共同考虑多方面因素，以确保实践基地的质量和适用性。以下将从地理位置、行业背景和实践资源等方面展开讨论，并结合实际案例进行深入分析。

（1）地理位置

实践基地的地理位置是选择的关键因素之一。一个优越的地理位置可以为学生提供更广阔的发展空间，便利的交通和便捷的生活条件都能为学生的实践活动提供便利。例如，在城市中心或者工业园区附近设立实践基地，可以让学生更容易接触到企业资源和实践机会。同时，地理位置也要考虑到实践基地周边的产业结构和就业市场情况，以便更好地满足学生的职业发展需求。

以深圳市为例，作为中国改革开放的前沿城市之一，拥有着丰富的产业资源和发展机会。在选择实践基地时，学校可以考虑与当地知名企业或者科研机构合作，在深圳市南山区或者福田区等高科技产业集聚区建立实践基地，为学生提供与科技前沿接轨的实践机会，促进学生的创新能力和实践能力的培养。

（2）行业背景

实践基地所在的行业背景也是选择的重要考量因素之一。不同的行业拥有不同的特点和发展趋势，选择与学校专业相关或者是未来就业方向相匹配的行业背景的实践基地，可以更好地满足学生的实践需求，并为其职业发展提供更广阔的平台。此外，与实践基地所在行业相关的企业资源和专业人才也能为学生提供更丰富的实践经验和学习机会。

例如，在当前全球经济转型升级的背景下，新能源与新材料产业等新兴行业备受关注。学校可以与相关行业的领军企业合作，在新能源科技园或者新材料产业基地建立实践基地，为学生提供最新的技术设备和实践平台，培养学生的创新精神和实践能力，助力其在未来的职业发展中取得成功。

（3）实践资源

选择实践基地还需要考虑实践资源的丰富程度和质量。实践资源包括实验设备、实践场地、实践导师等方面的资源，这些资源的充足与否直接影响着学生的实践体验和学习效果。因此，学校与企业在选择实践基地时，应该综合考虑实践资源的质量和配备情况，确保学生能够在实践基地获得高质量的实践机会和专业指导。

例如，如果学校与某汽车制造企业合作，建立汽车制造实践基地，那么这个基地就需要配备先进的汽车生产线设备、汽车模型展示区等，同时需要有丰富的汽车制造经验的实践导师为学生提供指导。这样的实践基地可以为学生提供最真实的汽车制造实践体验，培养学生的专业技能和实践能力。

2.基地建设与管理

建立实践基地是为了让学生在真实的工作环境中进行实习和实训，从而提升他们的实践能力和职业素养。而基地的建设与管理是确保实践活动顺利开展的关键环节。在建设与管理过程中，学校与企业需要共同合作，制定有效的管理规定和操作流程，确保基地的设施完善、资源充足，同时保障学生的安全和权益。

第一，基地的设施建设和资源配置是建设与管理的重点之一。学校与企业需要共同投入资金和人力，建设起符合实践需求的实践场地和设施设备。这包括实验室、工作坊、模拟生产线等实践场所的建设，以及各类实践设备和工具的配置。例如，对于汽车制造实践基地，需要配备汽车生产线、汽车模型展示区、汽车维修工具等设施和设备，以满足学生进行汽车制造和维修实践活动的需要。在资源配置方面，学校与企业需要协商确定资源使用的原则和方式，合理分配实践场地和设备，确保学生能够充分利用实践资源进行实践活动。此外，还需要建立资源管理制度，做好实践设备的维护和保养工作，延长设备的使用寿命，保证实践活动的顺利开展。

第二，除了设施建设和资源配置外，实践活动的组织与管理也是基地建设与管理的关键内容。学校与企业需要共同制定实践活动的计划和安排，确定实践项目的内容、时间和人员安排等。这需要根据学生的学习目标和实践需求，合理安排实践活动的内容和进度，确保学生能够充分参与实践活动，取得实践经验和成果。在实践活动的组织与管理过程中，学校与企业需要建立有效的沟通机制和协作机制，及时解决实践活动中出现的问题和困难。同时，还需要建立实践导师制度，指导学生进行实践活动，帮助他们解决实际问题，提升实践能力。此外，还需要建立实践活动的评价制度，评估学生的实践表现和成果，为实践活动的持续改进提供参考依据。

第三，安全管理与风险控制是基地建设与管理的重要内容。学校与企业需要共同制定安全管理规定和操作流程，确保实践活动的安全进行。这包括对实践场地和设施的安全检查和维护，对实践活动中可能出现的安全风险进行评估和控制，制定应急预案和安全培训计划，增强学生的安全意识和应急处理能力。例如，如果建立了化学实验室作为实践基地，那么学校与企业需要共同确保实验室设施的安全性，包括通风系统、防爆设备等的完善，同时制定实验室安全操作规程，培训学生正确的实验操作技能，预防化学品泄漏和意外事故的发生。

3. 实践指导与督导

在实践基地进行实习期间，学生需要得到专业的指导和督导，以提升他们的实践能力和职业素养。学校与企业可以共同安排实践指导教师和督导人员，对学生的实践活动进行指导、监督和评估，确保实践活动的顺利进行和学生的实习效果。

第一，实践指导教师是学生实践活动的重要指导者和支持者。他们通常是学校的教师或者企业的专业人员，具有丰富的实践经验和专业知识。实践指导教师负责指导学生进行实践活动，包括实验操作、项目实施、问题解决等方面，帮助学生理解和掌握实践技能，提高实践能力。他们还负责与学生进行交流和互动，及时给予反馈和建议，促进学生的实践成长和专业发展。以医学实习为例，实践指导教师可能是医院的医生或者学校的临床教师。他们会指导学生进行临床观察、患者诊疗、医学操作等实践活动，帮助学生掌握临床技能和医学知识，培养学生的临床思维和医学素养。同时，实践指导教师还会与学生进行反馈交流，及时纠正学生的错误，指导其改进实践方法，确保医学实习的顺利进行和学生的安全。

第二，除了实践指导教师外，督导人员也起着重要的监督和评估作用。他们通常是学校或企业的管理人员，负责对实践活动进行监督和评估，确保实践活动的质量和效果。督导人员需要定期对实践基地进行检查和评估，了解实践活动的开展情况和学生的实习表现，及时发现问题并提出改进意见。以工程实习为例，督导人员可能是学校的实习管理老师或者企业的项目经理。他们会定期走访实践基地，与学生和实践指导教师进行沟通交流，了解实践活动的进展情况和存在的问题，及时协调解决实践中遇到的困难，确保实践活动的顺利进行。同时，督导人员还会对学生的实习报告和成果进行评估，为学生的实习成绩和学分认定提供依据。

4. 实践成果展示

实践基地的建设不仅仅是为了提供学生实践机会，更重要的是为了展示学生在实践活动中所取得的成果和收获。学校与企业可以共同组织实践成果展示活动，为学生提供一个展示自己实践能力和专业水平的舞台，同时也促进学校与企业之间的合作与交流。

实践成果展示活动旨在让学生将在实践活动中所学到的理论知识和实际操作技能进行展示，并与企业相关人员分享和交流。这不仅可以增强学生的自信心和专业素养，还能够提升他们的就业竞争力。在这样的展示活动中，学生可以通过海报、展示板、演示、口头报告等形式，展示自己的实践项目、实验结果、研究成果等。

例如，对于工程类专业的学生，他们可以展示自己在实践基地进行的工程设计、制造、测试等项目，展示项目的设计方案、制造流程、测试数据以及最终的成果和效果。这样的展示不仅可以让学生展示自己的专业技能和创新能力，还可以让企业了解到学生的实践水平和潜力，为未来的人才招聘提供参考依据。

实践成果展示活动也可以为学校与企业之间的合作交流提供一个平台。通过展示活动，学校和企业可以共同探讨实践项目的成果和应用前景，交流实践经验和技术方法，加强双方的合作关系。同时，企业代表也可以借此机会了解到学校的教学水平和学生的综合素质，为今后的校企合作提供更多的可能性和方向。

（三）长期合作关系

1. 合作协议签订

合作协议的签订是建立长期合作关系的重要一步，对于学校和企业来说都具有关键性的意义。在签订合作协议之前，双方需要充分沟通、协商，明确合作的具体内容和各自的期望，以确保协议的合理性、可操作性和可持续性。

第一，合作协议需要明确合作的范围。这包括合作的具体领域、合作的目标和期望，以及双方的责任和义务。学校与企业可以共同商讨确定合作的重点领域，例如人才培养、科研合作、技术转移等，以便在后续的合作中有针对性地展开工作。

第二，合作协议需要明确合作的方式和形式。这包括合作的具体方式、合作的机制和流程，以及合作的时间安排和周期。双方可以协商确定合作的具体形式，例如联合开展科研项目、共建实践基地、开展人才培训等，以实现合作的最大效益。

第三，合作协议需要明确合作的期限。这包括合作的起止时间、合作的持续周期和终止条件等。双方可以商讨确定合作的时间框架，以便在合作期限内充分发挥合作的作用，并在需要时及时进行合作续签或终止。

第四，合作协议还需要明确双方的权利和义务。这包括双方在合作过程中的权利和义务，合作成果的分享和利益分配机制，以及合作过程中可能涉及的风险和责任分担等。双方应该在合作协议中明确规定各自的权利和义务，以保障双方的合法权益和合作关系的稳定性。

2. 资源共享与交流

长期合作关系的核心在于资源共享与交流，这一点在学校与企业之间的合作尤为重要。资源共享与交流不仅可以促进双方的互利合作，还可以加强双方的竞争力和创新能力，为人才培养和产业发展提供良好的支持。

第一，学校与企业可以共享教育资源。学校作为教育机构，拥有丰富的教学资源和优秀的师资力量。通过与企业的合作，学校可以将优质的教学资源分享给企业，例如教材、课程设计、实验设备等，帮助企业提升员工的专业素养和技能水平。同时，企业也可以为学校提供实践机会和行业经验，帮助学校更好地了解行业需求，调整教学内容和方法，提高人才培养的针对性和实效性。

第二，学校与企业可以共享产业资源。企业作为产业主体，拥有丰富的产业资源和市场信息。通过与学校的合作，企业可以将自身的产业资源开放给学校，例如生产设备、技术专利、市场渠道等，为学校的科研和实践活动提供支持和保障。与此同时，学校也可以为企业提供人才储备和科研支持，促进企业的技术创新和产品研发，提升企业的竞争力和市场地位。

第三，资源共享与交流还可以促进双方的互相支持和共同发展。通过共享教育资源和产业资源，学校与企业可以实现优势互补，各取所长，共同推动人才培养和产业发展的深度融合。在资源共享与交流的过程中，双方可以建立起长期稳定的合作关系，加强信任和沟通，共同应对市场变化和挑战，实现合作共赢的目标。

3. 双向人才流动

双向人才流动是长期合作关系的重要组成部分，对于学校和企业之间的合作具有重要意义。通过双向人才流动，学校与企业可以实现人才的有机流动和优化配置，促进双方的共同发展和持续合作。

一方面，学校与企业可以共同推动学生实习就业。学生实习是学校教育与实践相结合的重要环节，也是学生了解行业、积累经验、拓展人脉的重要途径。通过与企业合作，学校可以为学生提供更多更好的实习机会，让他们在实践中学习、成长和锻炼。学生实习期间，他们将有机会接触到企业的实际工作环境和业务流程，了解企业的需求和行业的发展趋势，为自己的职业发展打下坚实的基础。

另一方面，企业员工的进修深造也是双向人才流动的重要方面。随着科技的发展和产业的变革，企业需要不断提升员工的专业素养和技能水平，以适应市场的变化和竞争的挑战。通过与学校合作，企业可以为员工提供进修深造的机会，例如参加培训班、攻读硕士学位等，提升员工的专业水平和管理能力。同时，企业员工的进修深造也可以为学校提供实践案例和行业反馈，促进教学内容和方法的更新和改进，增强学校的教学实效性和市场适应性。

二、学校与企业合作的机制创新

（一）学校方面

1. 加深认识程度

提高对校企协同育人的认识程度，改变对其停留在表层认识的局面，在实践同时，从根本上的专业设置、培养目标、教学模式等问题上做相应的改变。在课程建设方面，企业可以把入职培训中行业知识的内容，试用期的工作前置到学校。平时，实习与毕业实习要做到明细划分、统筹兼顾，将理论教学与实践教学紧密结合，真正帮助学生实现质变，使学校和企业得到双赢的报酬。

2. 学校要变被动为主动

对培养学生全面素质与综合能力进行全面考虑，将行业的岗位标准纳入教学中，改变在校企合作中学校处于被动地位的局面。

3. 产品研发与实验室建设，提高实验室设施利用率

有意识地加大实验实训的比重，加强对可以设置实验的课程设置相应的实验与实践，有意识地培养学生的实操能力，及时更新实验室设备的硬件和软件，尽可能跟上企业发展步伐，使学生能够熟练掌握实用的实践方法和技巧。

5. 引导学生转变观念。

当今社会是需要应用型人才的社会，要有意识地培养自身的实践能力，正确认识学校提供的实训和实习机会，在企业，首先是积累经验，锻炼自己的能力，并不是以挣钱为目的。

（二）企业方面

1. 策划创意与高校相关专业结合

在策划创意与高校相关专业结合方面，企业可以通过多种方式与高校展开合作，以促进创新创业意识的培养和学生综合素质的提升。

第一，企业可以通过教育培训等方式，提高大学生创业所需的综合素质。这包括为学生提供创业教育课程、讲座、培训等活动，从而激发他们的创新创业意识。通过这些活动，学生可以了解创业的基本概念、流程和要素，培养勇于创新、勇于担当的创业精神。同时，企业可以邀请成功创业者或企业家来校园分享创业经验，激励学生敢于追求梦想，勇于实践创业的决心。

第二，企业可以与高校专业教学部门合作，共同策划专业课程。熟练掌握专业课程是学生的基本要求，而实践是提升专业能力的有效途径。因此，企业可以为学生提供实际参与的机会，例如参与企业项目、实习或实践课程等。通过与企业的合作，学生可以在真实的工作环境中学习并应用所学知识，提升专业技能和实践能力。企业也可为参与实践的学生提供一定的奖励，如实习津贴、奖学金等，以激励学生积极参与。

第三，企业可以制订专业化、专一化的培训方案，为学生提供针对性的培训。

通过培训，使学生了解企业的工作流程和需求，增强他们的就业竞争力。在实习期间，企业应将培训常态化，不仅要指导学生进行工作，更要纠正他们在实践中可能出现的错误，以保证企业利益不受损失。企业还应与高校教师保持密切联系，共同监督学生的学习和实践过程，确保培训效果的实现。

2. 企业与学校共建实践基地，切实做到资源共享

（1）创业教育与学生综合素质培养

创业教育在学生综合素质培养中扮演着重要角色。通过创业教育，学生不仅能够培养创业意识和创业思维，还能够提升创业技能以及解决问题的能力。这种综合素质的培养不仅有利于学生将来从事创业活动，还可以在其日常生活和职业生涯中受益匪浅。在校企合作中，创业教育的开展需要企业和学校共同参与，并切实做到资源共享。

第一，企业应该与学校进行有效沟通，共同制定创业教育的内容和目标。企业可以分享自身的创业经验和成功案例，为学校提供实践机会和资源支持。通过与企业的合作，学校可以更好地了解当前创业领域的最新动态和趋势，为学生提供更具前瞻性和实用性的创业教育内容。

第二，学校也需要积极配合，为企业提供创业教育的平台和资源支持。学校可以通过开设相关课程、组织创业比赛和讲座等方式，促进学生创业意识的培养和创新创业能力的提升。同时，学校还可以与企业合作，开展创业实践项目，让学生在真实的创业环境中进行实践，从而提升其创业能力和实践经验。

创业教育是校企合作中重要的一环，通过企业与学校的资源共享和合作，可以实现创业教育的有效开展，为学生的综合素质培养提供更好的支持和保障。

（2）资源共享与校企合作深度发展

实现企业资源与高校资源的合理利用是校企合作的关键之一。企业拥有丰富的行业资源和经验，而高校则具备优质的教育资源和人才培养基础。通过资源共享，可以实现优势互补，促进校企合作的深度发展。

企业可以将其行业资源和信息共享给高校，为学校提供实践机会和教学资源支持。例如，企业可以邀请学校师生参观企业生产线或研发中心，让他们深入了解行业的最新技术和发展趋势。同时，企业还可以为学校提供实习岗位和项目合作机会，让学生在实践中学习并应用所学知识，增强其实践能力和就业竞争力。

高校也可以将其教育资源和科研成果共享给企业，为企业提供人才培养和科

技创新支持。例如，高校可以为企业提供技术咨询服务、人才培训课程等，帮助企业解决实际问题和提升核心竞争力。同时，高校还可以与企业开展科研合作项目，共同攻克行业难题，推动科技创新和产业升级。

通过资源共享，企业和高校可以充分发挥各自优势，实现互利共赢，推动校企合作向更深层次发展。

（3）提升校企合作层次

在为学生提供实践机会的同时，提升校企合作的层次是校企合作的重要目标之一。除了为学生提供实习就业机会外，还应该为在校教师提供实践机会，促进教师与企业员工共同工作，深化校企合作的内涵和广度。

企业可以与高校合作开展教学研究项目，邀请高校教师参与企业的科研项目或技术开发工作，让他们在实践中深化学术研究成果，增强实践经验和行业洞察力。同时，企业还可以邀请高校教师参与企业的培训项目，为企业员工提供专业知识和技能培训，提升员工综合素质和职业能力。

高校也可以与企业合作开展教学实践项目，让教师与企业员工共同工作，了解行业需求和市场动态，为教学内容和方法的更新和改进提供参考。通过教师与企业员工的合作，可以促进校企资源共享和经验交流，提升校企合作的层次和质量。

（4）校企合作情况调研与评估

对校企合作情况进行调研与评估是校企合作的重要环节。通过调研，可以了解高校与企业对于校企合作的实践是否真实高效，是否能够切实地促进学生的学习和就业发展。

第一，调研可以帮助发现校企合作中存在的问题和挑战，及时采取措施加以解决。例如，调研可以了解到企业是否满意学生的实习表现，学生是否获得了实践经验和技能提升，以及校企合作是否为学生提供了有效的就业机会。通过调研结果，学校和企业可以针对性地改进校企合作的方式和内容，提升合作效果和成效。

第二，调研还可以评估校企合作的实际效果和社会影响，为校企合作的长远发展提供参考依据。例如，调研可以了解到校企合作是否为企业提供了优质的人才资源，是否促进了企业的科技创新和产业发展，以及是否提升了学校的社会声誉和影响力。通过评估结果，可以总结出校企合作的成功经验和不足之处，为未来的合作提供借鉴和改进方向。

第三，调研还可以收集毕业生对于实习与真正工作的区别认识，了解校企合作是否能够切实地使毕业生做到理论与实践的有效结合。例如，调研可以了解到毕业生在实习期间所获得的技能和经验是否能够顺利应用于工作实践中，是否能够满足企业的用人需求，以及是否能够帮助毕业生顺利就业和职业发展。通过调研结果，可以及时调整校企合作的方向和策略，为毕业生提供更好的就业支持和服务。

第二节　实践环节创新策略

一、实习与实训的创新设计

（一）项目化实践

1. 确定项目目标和范围

在项目化实践中，明确项目的目标和范围是确保项目顺利实施并取得预期效果的关键一步。这个阶段涉及对项目需求和预期成果的深入分析，以及与合作伙伴（如企业或社会组织）的充分沟通和协商，以确保项目目标与实际需求相符，项目范围明确可行。

第一，明确项目目标是确保项目实践活动具有明确的导向和目的。项目的目标应该具体、可行，并与学生的学习目标和未来职业发展密切相关。例如，一个项目的目标可能是开发一款新型产品，解决特定行业的现实问题，或者是提升学生的某项专业技能。在确定目标时，需要充分考虑到项目的实际背景和环境，以及项目成果对于相关利益相关者的重要性。

第二，明确项目范围是确保项目实践活动具有可控性和可管理性。项目的范围包括项目所涉及的任务和活动的具体边界，以及项目执行过程中可能面临的限制和挑战。例如，一个项目的范围可能涉及特定的技术领域、市场范围或时间期限。在确定范围时，需要考虑到项目的资源限制、时间限制以及其他相关因素，以确保项目能够在可行的范围内完成。

例如，一个应用型高校的学生团队与当地的医疗器械公司合作开展项目化实践活动，目标是设计和开发一种新型医疗设备，以解决当前医疗行业中存在的某一特定问题。在确定项目目标时，团队需要与公司进行深入的沟通和调研，了解该问题的实际需求和期望的解决方案。然后，团队可以明确项目的目标是设计出符合特定要求的医疗设备，并确保其具有一定的技术创新性和市场竞争力。在确定项目范围时，团队需要明确项目涉及的技术领域、产品功能、市场定位以及时间和资源限制等方面的边界，以确保项目能够在可行的范围内顺利进行。

2. 组建学生团队

学生团队的组建是项目化实践活动中至关重要的一环，它直接影响着项目的执行效果和成果的实现。学校在组建学生团队时，应该考虑到学生的专业背景、兴趣爱好、个人能力以及团队协作能力等因素，以确保团队的多样性和综合性，从而更好地应对项目的挑战和需求。

第一，学校可以根据学生的专业背景进行分组。不同专业的学生具有不同的专业知识和技能，他们可以相互补充，形成具有综合性的团队。例如，在一个涉及软件开发的项目中，可以将计算机专业的学生、设计专业的学生和市场营销专业的学生组成一个团队，以确保团队在技术开发、界面设计和市场推广等方面都能够得到充分的考虑。

第二，学校还可以考虑学生的兴趣爱好和个人能力进行分组。每个学生都有自己的特长和擅长领域，学校可以根据学生的兴趣爱好和个人能力进行匹配，组建志同道合、相互信任的团队。例如，对于一个涉及创意设计的项目，可以将对设计感兴趣、具有创造力和想象力的学生组成一个团队，以确保团队在项目的创意方面能够得到充分的发挥和展示。

第三，学校在组建学生团队时，还应该考虑到团队协作能力的培养。团队的协作能力是项目成功实施的关键，学校可以通过一系列的团队建设和培训活动，帮助学生了解团队合作的重要性，培养他们的沟通能力、协调能力和解决问题的能力。例如，可以通过团队合作项目、团队讨论和角色扮演等活动，锻炼学生的团队协作意识和能力，提高团队的执行效率和项目的完成质量。

3. 实施阶段任务分工

在项目实施阶段，任务分工的合理性和明确性对于项目的顺利进行至关重要。学生团队需要根据项目的性质、目标和需求，以及成员的专业背景、技能和兴趣等因素，进行有效的任务分工，以确保项目能够按时高质量完成。

第一，明确项目的目标和阶段性任务。在实施阶段开始之前，团队需要确立项目的总体目标，并将其细化为具体的阶段性任务和子任务。这些任务应该清晰明确，具体到每个成员的工作内容和责任，以便团队成员能够清楚地了解自己的任务和目标。

第二，根据成员的专业背景和技能进行任务分配。每个团队成员都应该根据自己的专业能力和技能被分配到最适合的任务上。例如，具有编程技能的成员可以负责软件开发，具有设计能力的成员可以负责界面设计，具有市场营销经验的成员可以负责市场调研和推广等。通过合理的任务分配，可以最大限度地发挥团队成员的优势，提高工作效率和成果质量。

第三，制定详细的工作计划和时间安排。在任务分工确定后，团队需要制定详细的工作计划和时间安排，明确每个任务的开始时间、完成时间和交付要求。这需要考虑到任务之间的依赖关系和优先级，合理安排时间，确保项目进度的顺利推进。

第四，建立有效的沟通和协作机制。在实施阶段，团队成员之间的沟通和协作至关重要。团队应建立起高效的沟通渠道，及时交流信息和进展，解决问题和困难。同时，团队成员之间需要相互配合，密切合作，共同完成任务。可以通过定期的团队会议、项目进度报告和在线协作工具等方式，促进团队成员之间的沟通和协作。例如，假设一个学生团队正在开展一个软件开发项目。在实施阶段，团队可以根据项目需求和成员的专业背景，将任务分配给不同的成员。比如，具有前端开发经验的成员可以负责网站界面设计，具有后端开发经验的成员可以负责数据库设计和程序编写，具有测试经验的成员可以负责软件测试和问题反馈等。同时，团队需要制定详细的工作计划和时间安排，明确每个任务的完成时间和交付要求。团队成员之间需要保持密切的沟通和协作，及时交流信息和进展，解决项目中出现的问题和挑战，确保项目能够按时高质量完成。

4. 项目总结和评估

项目总结和评估是项目化实践的关键环节，它不仅是对项目成果的梳理和总结，更是对团队合作过程和个人能力提升的反思和总结。在项目结束后，进行全面、客观的总结和评估对于未来的实践活动具有重要意义。

第一，项目总结应包括对项目目标的达成情况进行评估。团队需要审视项目的初衷和设定的目标，分析项目执行过程中是否达到了预期的目标，以及达成目标的程度如何。这需要对项目的各项任务和成果进行逐一审视和对比，从而形成对项目整体表现的评价。

第二，团队需要评估团队合作情况。团队合作是项目化实践的核心，团队成员之间的协作和配合程度直接影响项目的执行效果。因此，项目总结需要对团队合作情况进行全面评估，包括团队成员之间的沟通效率、协作默契度、决策执行能力等方面。团队可以通过问卷调查、组织讨论、个人反馈等方式，收集团队成员对团队合作的感受和评价，以及对团队合作存在的问题和改进建议。

第三，项目总结还需要识别存在的问题和挑战，并提出改进方案。在项目执行过程中，难免会遇到各种问题和挑战，这些问题可能涉及项目管理、团队合作、技术实施等方面。团队需要识别并分析这些问题的根源和影响，然后提出相应的改进方案和措施。这些改进方案应该具体、可行，并能够解决实际问题，从而为未来的实践活动提供借鉴和参考。

第四，项目总结还应包括对个人能力提升的评估和反思。项目化实践不仅是对团队整体能力的锻炼，更是对个人能力的提升和培养。团队成员可以对自己在项目中的表现进行评估，包括自己的专业能力、沟通能力、问题解决能力等方面。通过对个人能力的评估和反思，可以发现个人的优势和不足之处，并有针对性地进行能力提升和改进。

（二）跨学科实践

1. 选择跨学科领域

在选择跨学科领域进行实践时，需要考虑到不同学科之间的相关性和互补性，以及实践的目标和意义。跨学科实践的设计应该基于解决复杂问题或探索新领域的需求，同时充分利用不同学科的知识和方法，从而实现更深层次的综合性和创新性。

第一，选择跨学科领域需要考虑学科之间的相关性。相关性指的是不同学科之间存在的联系和相互影响，这种联系可以是共同的研究对象、相似的理论框架或相近的方法论。例如，生物学和医学、经济学和社会学、工程学和材料科学等都是具有一定相关性的学科领域，它们之间的交叉研究可以为解决现实问题提供新的视角和方法。

第二，选择跨学科领域还需要考虑学科之间的互补性。互补性指的是不同学科之间的专业知识和技能的互补和补充关系，通过结合不同学科的优势和特点，可以提高解决问题的效率和质量。例如，结合计算机科学和心理学的知识可以开展人机交互的研究，结合环境科学和城市规划的知识可以进行可持续城市发展的研究。

2. 设计项目任务和活动

设计跨学科实践项目的任务和活动是一项复杂而关键的工作，需要综合考虑多个学科领域的知识和技能要求，以及项目的实际需求和目标。在设计过程中，需要注重任务的挑战性和实践性，以激发学生的学习兴趣和动力，同时培养其综合素养和跨学科思维能力。

第一，在项目任务的设计上，可以结合不同学科领域的知识和技能要求，确定具有挑战性和实践性的任务目标。例如，一个跨学科实践项目可能涉及环境科学、城市规划、社会学等多个学科领域，任务可以包括调查研究城市空气质量、分析城市交通流量、设计提高城市环境的方案等。通过这些任务，学生不仅可以学习相关学科知识，还可以锻炼调查研究、数据分析、解决问题的能力。

第二，在项目活动的设计上，可以结合实践性和跨学科性的要求，组织多样化的活动形式，促进学生的全面发展。例如，除了课堂讲授和实地调查外，还可以组织专题讨论、模拟演练、实践操作等活动，让学生在实际操作中学习和应用知识。同时，可以邀请相关领域的专家学者参与项目活动，进行学术指导和交流，拓宽学生的视野和思路。

第三，项目任务和活动的设计还需要注重跨学科思维和综合素养的培养。可以通过跨学科合作和交流，促进不同学科之间的融合和协作，培养学生的团队合作精神和创新能力。例如，可以安排学生分组进行项目研究和设计，每个小组由不同学科背景的学生组成，通过合作解决复杂问题，实现跨学科思维和综合素养的培养。

第四，在项目成果展示环节，可以组织学生进行成果展示和交流，分享项目经验和成果，接受专家和同行的评价和建议。这不仅可以激发学生的自信心和创造力，还可以促进学术交流和合作，提升学生的学术水平和综合素养。

3. 促进学科交叉融合

跨学科实践是一种跨越学科界限、融合多学科知识与技能的教育模式，旨在培养学生的综合能力和创新思维。为促进学科之间的交叉融合，学校可以采取多种方式，包括跨学科课程设置、实践项目设计等。

第一，学校可以通过跨学科课程设置来促进学科交叉融合。在课程设置上，可以设计一些跨学科的课程，涵盖多个学科领域的知识和技能。例如，可以开设生物医学工程课程，既涉及生物学、医学等自然科学领域的知识，又包含工程学、材料科学等工程技术领域的内容。通过这样的课程设置，可以打破学科壁垒，促进不同学科之间的交流与合作，为学生提供跨学科学习的机会。

第二，实践项目设计是促进学科交叉融合的另一种重要方式。学校可以组织跨学科的实践项目，让学生在项目中结合多个学科领域的知识与技能进行综合应用。例如，可以开展环境保护与可持续发展的实践项目，涉及环境科学、经济学、社会学等多个学科领域的内容。在项目设计中，可以设定不同学科的任务和目标，引导学生从多个学科角度思考和解决问题，培养其综合应用能力和创新能力。例如，某大学开设了跨学科课程《智慧城市设计与管理》，该课程涵盖了城市规划、信息技术、环境科学等多个学科领域的知识。在课程设计中，教师结合多个学科领域的内容，设计了一系列案例分析和实践项目，要求学生团队从城市发展的多个方面进行综合考虑和分析。通过课程学习和实践项目，学生不仅学习了各个学科领域的知识，还培养了团队合作、问题解决和创新思维等能力。

4. 强化跨学科思维能力

为了强化学生的跨学科思维能力，学校可以采取一系列措施，包括项目导师指导、团队合作等方式。这些措施可以帮助学生从跨学科的视角思考和解决问题，培养其面对复杂问题时的综合分析和解决能力。

第一，项目导师在跨学科实践项目中扮演着重要的角色。导师可以帮助学生从不同学科领域的角度审视问题，引导他们探索解决问题的多种途径。导师应具有跨学科背景或跨学科思维能力，能够跨越学科界限，为学生提供全面的指导和支持。通过与导师的密切合作，学生可以学习到跨学科思维的方法和技巧，提升自己的综合素养和解决问题的能力。

第二，团队合作是培养学生跨学科思维能力的重要途径之一。在跨学科实践项目中，学生通常会和来自不同专业背景的同学组成团队，共同完成项目任务。在团队合作过程中，学生需要学会倾听和尊重他人的意见，协调团队成员之间的关系，充分发挥每个人的优势，共同解决复杂的问题。通过与不同学科背景的同学合作，学生可以拓宽自己的视野，学习到不同学科领域的知识和经验，培养跨学科思维能力和团队合作精神。例如，某大学开展了一项跨学科实践项目，旨在探讨城市交通拥堵问题及解决方案。在项目中，学生团队由来自交通工程、城市

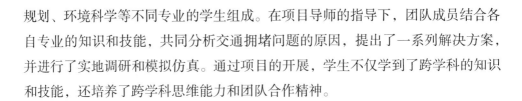

规划、环境科学等不同专业的学生组成。在项目导师的指导下，团队成员结合各自专业的知识和技能，共同分析交通拥堵问题的原因，提出了一系列解决方案，并进行了实地调研和模拟仿真。通过项目的开展，学生不仅学到了跨学科的知识和技能，还培养了跨学科思维能力和团队合作精神。

二、创新实践项目的推动

（一）学生创新创业中心

学校可建立学生创新创业中心，提供资源支持和指导，鼓励学生开展创新实践项目，促进创新创业教育。

1. 完善创业课程体系建设

在应用型高校的创业课程体系建设中，基于埃里克·莱斯的精益创业理念，可以构建一个结合创业通识教育、创业实践教育和专业教育的精益创业课程体系。这一体系的设计旨在通过精益创业的思维方式，快速验证创业想法，提升学生的创业思维能力、风险管理能力和问题解决能力，以最低的成本实现创业目标。创业课程体系主要分为两个部分，即创业通识教育和创业实践教育。

创业通识教育部分涵盖了创业的基础理论知识、政策知识、管理知识、风险管控知识、市场知识和法律知识等方面。这些知识的传授有助于学生建立起对创业过程的基本认知，了解创业所涉及的各个方面，为日后的创业实践奠定基础。通过课堂集中教学策略，学校可以夯实学生的创业理论基础，强化学生的创业认知，使他们能够在实践中更加理性地面对挑战和问题。

创业实践教育部分则与通识教育相互促进、相互转化、相互反馈，注重培养学生的实际操作能力和创新精神。学校可以通过开展实训与实践教学，组织学生参与各种类型的创业大赛、创业活动等，让学生亲身参与到真实的创业环境中，积累创业实践经验，提高他们的创业实践能力。这些实践活动旨在让学生将在课堂上学到的理论知识应用到实际中去，通过实践不断地探索和创新，培养学生的创业能力和创新思维。

整个创业课程体系的建设需要注重理论与实践的结合，通过精心设计的课程内容和教学方法，引导学生系统地学习创业知识和技能，激发他们的创业热情和创新意识。同时，学校还应该加强与企业、社会资源的合作，为学生提供更广阔的创业平台和资源支持，促进他们在创业道路上的成功发展。

2.丰富创业实践教学活动

针对大学生创业实践能力培养中存在的实训实践教学不足以及教学方式方法单一等问题，应用型高校需要积极引进新的创业教育教学手段，进行教育教学的创新改进，以优化创业教育教学模式，从而实现创业教育教学质量的持续提升。其中，引入并应用翻转课堂教学模式是一种值得探索和推广的方法。

在翻转课堂教学模式中，教学活动被重新设计，学生在课堂外预习相关知识，而课堂时间则用于深入讨论和实践。第一，在课前准备阶段，教师可以通过收集来自互联网的优质教学资源，如教学视频、案例分析、学术论文等，为学生提供丰富的学习资料。例如，在创业课程中，学生可以观看成功企业家的创业经历视频，了解真实的创业案例，或者阅读相关的创业案例分析，从中学习成功的创业策略和经验。

第二，在课堂教学环节，教师可以结合学生的预习情况，针对性地设计课堂内容。例如，教师可以针对学生在预习中遇到的问题进行讲解和讨论，引导学生深入思考和解决问题。同时，教师还可以通过小组讨论、案例分析等形式，让学生在课堂上积极参与，分享彼此的见解和经验，从而促进学生之间的互动和交流。

第三，在课后环节，教师可以利用社交软件等现代科技手段，为学生提供课后指导和答疑服务。例如，教师可以通过微信群或在线平台，及时回答学生的问题，解决学生在课后学习中遇到的困惑。此外，学校还可以通过开设第二课堂，组织创业大赛、专业竞赛等活动，为学生提供更多实践机会。例如，在创业大赛中，学生可以结合课堂学习内容，提出创新的创业项目，并在实践中演练模拟创业过程，从而获得最为真实的创业体验和情感体验。

3.完善创业绩效评价机制

应用型高校的创业教育需要通过引入社会力量、整合教育资源来完善创业绩效评价机制，以实现创业教育的持续提升和优化。第一，应用型高校可以与企业合作共建大学生创业园，并共同管理创业园，使企业深度参与创业教育全过程。通过这种合作模式，可以充分发挥企业在高校创业人才培养中的作用，提供学生更为真实和贴近实际的创业环境和机会。

第二，为了夯实创业实践教育师资基础，应用型高校需要招聘或专门培养创业导师，他们可以专职指导和辅助学生创业，并引入企业导师制度，从企业中挑选优秀的创业人才作为学生的企业导师。这样可以将企业方面的产品研发、营销、管理等知识与经验传授给学生，带领学生实践操作真实的企业项目。同时，应用型高校也需要加大对专业教师创业知识与技能的培养力度，安排他们进入企业进行学习和交流，以获取行业最前沿的发展信息，增强教师的创业认知及能力。

除此之外，应用型高校还应构建创业绩效评价机制，全面评价创业教育的各个方面，包括创业课程建设、教师创业培训、高校创业实训实践基地建设、创业教育教学及学生创业实践能力发展情况等。这种绩效评价机制应该是全方位、多维度的，既包括定量指标，也包括定性评价，以全面客观地评估创业教育的效果。根据评价结果，可以及时调整创业教育工作中的不足，持续提升创业教育的质量和效果。

4. 完善培养服务体系建设

（1）设立并用好知识产权信息服务中心

在构建大学生创业实践能力培养模式的过程中，应用型高校应首先设立并充分利用知识产权信息服务中心。该中心旨在为大学生提供全方位的知识产权信息服务，从项目创意设计阶段到成果转化阶段，为其提供一站式解决方案。这包括成果评价、项目申报、知识产权信息咨询、专利评估与分析等服务。通过提供这些服务，知识产权信息服务中心可以有效推动大学生创新成果的转化，同时激发大学生的创新热情。

在知识产权信息服务中心的引导下，应用型高校可以促进大学生组建跨学科的创新创业团队，突破学科的限制，实现跨界合作。这种团队合作模式有助于汇集不同专业背景的人才，促进创新思维的碰撞和交流，从而提升项目的创新性和市场竞争力。此外，知识产权信息服务中心还应密切关注大学生创新创业项目的实践操作过程，及时为其提供必要的帮助和服务，加速创新成果市场化的进程。

除了为大学生提供专业化的信息服务，知识产权信息服务中心还应促进内外协同，推动大学生创业实践能力培养。应用型高校可以通过建立与地方教育部门、科技部门、税务部门、金融机构、知识产权企业等的合作关系，共同开展创业政策解读、知识产权宣传、创业金融服务咨询等活动。通过充分发挥高校信息服务中心的职能，为大学生创新创业提供全方位的支持和服务。

（2）建设研究训练计划体系

首先，制订研究性学习计划，做好大学生创业实践能力培养的调研工作，并从高校各学院选择具有创新创业意愿的学生，调查这些学生的专业兴趣点、创业想法及专业学习中面临的问题等，总结分析并提炼创新课题，组织学生围绕课题开展研究活动，推动项目立项。在获取项目研究成果后，依托于成果组织学生参加科创类竞赛活动并发表论文 [3]，以此持续深化项目研究成果的应用，从而形成较为完整的创新创业研究训练计划体系。3. 建设实训实践训练体系首先，应用型高校需要与企业建立合作，综合评估大学生获取的创新成果 [4]，从中选择具备市场化价值的成果，为大学生创业提供创业资金支持，帮助学生注册企业，以此保障大学生创新成果落地。其次，应用型高校应提高实训与实践课程的比例，在创新创业实践基地对学生进行创业实践训练、创业模拟实训等，使学生真正接触到创业环境，亲身参与创业项目运营管理、市场竞争及风险控制和防范等，从而实现大学生创业实践能力的提升。

5. 组织开展多样化创业竞赛

应用型高校应当积极组织开展多样化的创业竞赛，为大学生提供展示创业思想和能力的平台，以激发他们的创业兴趣和热情，促进创业实践能力的全面发展。第一，学校可以通过组织学生参加学科竞赛来培养他们的专业能力和创新实践能力。学科竞赛应该根据不同学科的特点和要求进行定期举办，以对接竞赛标准，有针对性地培养学生的专业技能和创新思维。此外，学校还可以制定创业素质培养计划，将学科竞赛活动融入创业教育中，全方位地培养实践型的创新创业人才。

第二，学校可以策划并推进创业计划竞赛，以培养学生的创业思维和创意。创业计划是创业活动的前提，因此，通过开展创业计划竞赛，学校可以广泛征集学生的创意，并从中选取可行的创业项目。参赛学生可以以团队合作的形式进行市场调查和分析，编写创业计划书，从而提高自身的创业实践能力。

第三，在数字经济视域下，学校还可以组织开展互联网创业大赛，以适应数字经济发展的趋势。互联网创业已成为创业项目的重要组成部分，因此，学校应该加强学生的互联网创业意识，鼓励他们参与互联网创业活动，以提升其互联网创业能力。通过这些创业竞赛活动的组织开展，学校各院系可以积极参与，实现跨专业合作，从而获取最优的大学生创业实践能力培养效果。

（二）产学研结合项目

学校与企业合作开展产学研结合项目，让学生参与到实际的科研项目中，培养其科研能力和创新思维。

1.项目选择与规划

（1）项目选择的重要性

在产学研结合项目的开展过程中，首先需要对项目进行精准选择与规划。项目选择应该紧密围绕着学校的科研优势领域以及企业的实际需求展开。学校可以通过与企业深入沟通和了解，了解其技术、产品或服务的痛点和需求，然后结合学校的研究实力和资源，选择能够有针对性地解决问题并具有市场前景的科研项目。

（2）项目规划的系统性

在确定项目后，需要进行详细的项目规划，包括项目的研究目标、技术路线、预期成果、时间节点、资源投入等方面。规划应该充分考虑到学校和企业的资源情况，确保项目的可行性和可实施性。此外，项目规划还应该考虑到科研团队的构建与管理，包括人员配备、团队合作机制、研究进展监控等方面，以确保项目能够顺利推进并取得预期成果。

（3）项目的创新性与实用性

在项目选择和规划过程中，需要注重项目的创新性和实用性。创新性是指项目在技术或方法上具有独特性和先进性，能够为行业或领域带来新的突破和进展；实用性则是指项目能够解决实际存在的问题，满足市场或企业的需求，并能够产生经济或社会效益。因此，在项目规划阶段，需要充分考虑到项目的创新性和实用性，确保项目能够真正解决问题，产生价值。

2项目执行与管理

（1）项目执行的科学性与灵活性

项目执行阶段是产学研结合项目的关键环节，需要保证项目的科学性和灵活性。科学性是指项目执行过程中需严格按照项目规划和研究方法进行，确保研究结果的可信度和准确性；灵活性则是指项目执行过程中需要根据实际情况及时调整和优化方案，以应对可能出现的问题和挑战，确保项目能够顺利推进。

（2）项目管理的有效性与协同性

项目管理是保障产学研结合项目顺利进行的重要保障。在项目执行过程中，需要建立健全的项目管理机制，包括项目进度管理、成本控制、风险管理等方面。同时，需要加强学校与企业之间的沟通与协作，建立起高效的协同机制，确保项目各方面的资源得到充分利用，最大限度地实现合作共赢。

（3）项目成果的评估与迭代

项目执行过程中，需要定期对项目成果进行评估与迭代。评估应该从技术、经济、社会等多个方面进行，全面了解项目的进展情况和成果质量，并及时对项目进行调整和优化。同时，需要充分借鉴项目执行过程中的经验教训，为今后的项目合作提供参考和借鉴。

3. 项目成果与转化

（1）项目成果的产出与保护

项目执行完成后，需要对项目成果进行充分的产出和保护。产出包括论文发表、专利申请、技术转让等形式，以展示项目的研究成果和创新价值；保护则包括对项目成果的知识产权保护，确保项目成果能够得到合法的保护和运用，为项目成果的转化奠定基础。

（2）项目成果的转化与应用

项目成果的转化是产学研结合项目的最终目标。学校与企业可以通过技术转让、产业化合作等方式，将项目成果转化为实际的产品或服务，并应用到市场中。此外，还可以通过成立科技企业、孵化器等形式，促进项目成果的商业化和市场化，实现项目的最终价值。

（3）项目成果的影响与推广

项目成果的影响力和推广范围也是产学研结合项目的重要考量因素。学校和企业可以通过组织学术交流会、技术展示会等形式，向社会各界展示项目成果，增强项目的影响力和知名度，为项目的进一步推广和应用打下良好的基础。

第七章 应用型人才培养创新策略的评价与持续优化

第一节 应用型人才培养创新策略的评价指标

一、教学效果的评估

（一）学生学习成绩和综合素质评价

1. 课堂表现评价

（1）注意力集中程度

学生在课堂上的注意力集中程度反映了他们对课程内容的关注程度和学习态度。教师可以通过观察学生是否目不转睛地听讲、是否频繁分心等方式来评价学生的注意力集中程度。对于能够保持高度专注、积极聆听的学生，可以给予积极的评价。

（2）提问回答情况

学生是否能够积极提出问题并参与课堂讨论，也是评价其课堂表现的重要指标之一。教师可以观察学生是否主动举手提问、是否能够清晰表达自己的观点和疑惑，以及是否能够就他人提出的问题进行积极回答。对于能够积极参与课堂互动、善于思考和表达的学生，可以给予肯定和鼓励。

（3）参与讨论活跃度

学生在课堂上是否积极参与讨论，展现了他们的学习主动性和思维活跃度。教师可以通过观察学生是否踊跃发言、是否能够与他人进行有益互动等方式来评价其参与讨论的活跃度。对于能够充分展现自己观点、并与同学进行深入交流的学生，可以给予积极的评价和鼓励。

2. 作业完成情况评价

（1）作业及时性

学生是否能够按时完成布置的作业，直接反映了其对学习任务的重视程度和时间管理能力。学校可以通过作业提交时间的统计和监督，对学生的作业及时性进行评价。对于能够按时提交作业，并且保质保量完成作业的学生，可以给予积极的评价和鼓励。

（2）作业认真度

作业的认真程度直接影响了学生对知识的掌握和理解程度。教师可以通过检查学生作业的完成情况、内容是否充实、是否有认真思考和总结等方式来评价其作业的认真度。对于能够认真对待每一道作业题目，并且用心完成作业的学生，可以给予积极的评价和肯定。

（3）作业内容质量

作业的内容质量是评价学生学习水平和能力提高的重要标志之一。学校可以通过作业的批改和评分，对学生的作业内容质量进行评价。对于能够深入思考、独立完成作业，并且内容准确、清晰、有条理的学生，可以给予高度的评价和肯定。

3. 考试成绩评价

（1）期中考试表现

期中考试是评价学生学习情况和知识掌握程度的重要方式之一。学校可以通过期中考试成绩对学生的学习情况进行评价。对于能够在期中考试中取得良好成绩，表现出扎实的基础知识和较强的应用能力的学生，可以给予积极的评价和鼓励。

（2）期末考试成绩

期末考试是对整个学期学习成果的综合检验，也是评价学生学习成绩的重要依据之一。学校可以通过期末考试成绩评价学生的学习水平和知识应用能力。对于能够在期末考试中取得优异成绩，全面掌握课程内容并能够灵活运用所学知识解决问题的学生，应给予肯定和表扬。

（3）平时成绩和综合素质评价

除了考试成绩外，学校还可以通过平时的课堂表现、作业完成情况、实验报告质量、项目成果展示等方面对学生进行综合素质评价。这些综合评价可以更全面地反映学生的学习态度、学习方法和综合素质。对于在平时表现优秀、全面发展的学生，应给予综合性的肯定和奖励。

（二）学生满意度调查

1.调查设计和实施

（1）问卷设计

学校可以设计针对教学工作的问卷，涵盖课程设置、教学方法、教师授课质量、学习资源配备等方面。问卷设计应具有针对性和综合性，包括单选题、多选题和开放式问题，以充分了解学生对教学工作的看法和建议。

（2）调查方式

调查方式可以包括在线问卷（附录一）、纸质问卷和面对面访谈等形式。学校可以根据实际情况选择合适的调查方式，确保调查的全面性和代表性。

（3）调查实施

学校可以在课程结业或学期结束时，安排专门的时间进行学生满意度调查。通过向学生发送调查链接或分发纸质问卷，确保所有学生都有机会参与调查，并提供真实、客观的反馈意见。

2.数据分析和反馈

（1）数据收集与整理

学校应收集和整理学生满意度调查的数据，包括问卷回收情况、问卷填写率和各项评价指标的得分情况等。数据整理应准确、完整，确保能够反映学生的真实意见和反馈。

（2）数据分析

学校应对收集到的数据进行分析，了解学生对教学工作的整体评价和不同方面的看法。通过统计分析和比较，发现存在的问题和改进的空间，并提出相应的改进建议和措施。

（3）结果反馈

学校应将调查结果及时反馈给相关教师和管理部门，让他们了解学生的评价和意见。同时，学校还可以组织专门的会议或座谈，与教师和学生代表一起讨论调查结果，共同探讨改进措施和优化方案。

二、学生创新能力的测评

（一）创新项目成果评估

1. 创新性评估

（1）独特性分析

独特性评估在创新项目成果的评价中扮演着重要角色，因为独特性不仅反映了项目的创新水平，也是其在市场竞争中脱颖而出的关键。在评估项目独特性时，需要考虑项目的创意性、创新性以及与现有解决方案的差异性。

第一，项目的创意性是评估其独特性的基础。创意性指的是项目所提出的想法或观点是否与以往的解决方案有所不同，是否具有新颖性和独特性。例如，一项提出了全新概念或颠覆性理念的项目通常具有较高的创意性，因为它们挑战了传统思维，为问题提供了新的视角和解决方案。

第二，创新性是评估项目独特性的关键因素之一。创新性指的是项目所采用的方法、技术或设计是否具有新颖性和前瞻性。例如，一个采用了先进技术或独特设计的产品项目往往具有较高的创新性，因为它们在解决问题或满足需求的过程中引入了新的元素或思维模式。

第三，项目与现有解决方案的差异性也是评估其独特性的重要考量因素之一。项目成果与市场上已有的产品或解决方案相比，是否具有明显的差异性和竞争优势。例如，一个与现有产品相比具有更高性能、更低成本或更好用户体验的项目，往往更具有独特性和市场竞争力。

（2）前瞻性分析

前瞻性分析在评估创新项目的独特性和市场竞争力时至关重要。一项具有前瞻性的项目不仅能够满足当前的需求，还能够预见未来的趋势并作出相应的调整和创新，从而保持其在市场上的竞争优势和持续发展的能力。

第一，前瞻性分析需要考察项目所针对的行业或领域的未来发展趋势。通过对市场需求、技术发展、政策变化等方面的分析，可以预见未来的发展方向和趋势，为项目的发展方向和战略提供指导。

第二，需要评估项目是否具有与未来发展趋势相适应的特点和优势。这包括项目的技术先进性、市场适应性、可持续性等方面。例如，一项基于新兴技术或绿色环保理念的创新项目往往具有较高的前瞻性，因为它们能够满足未来社会和市场对可持续发展的需求。

155

第三，还需要评估项目是否具有足够的灵活性和适应性，能够及时调整和适应未来的变化和挑战。这包括项目团队的创新能力、管理能力和战略规划能力等方面。例如，一个具有开放式创新文化和快速响应能力的项目团队往往能够更好地适应市场的变化和挑战，保持项目的竞争优势和持续发展。

例如，有一家科技公司正在开发一款基于人工智能和大数据技术的智能家居系统。通过前瞻性分析，该公司发现未来智能家居市场将呈现出智能化、个性化和互联化的趋势。因此，他们着重于提高智能家居系统的智能化程度，通过人工智能技术实现智能家居设备的自动学习和智能化控制；同时，注重提升系统的个性化服务能力，通过大数据技术实现对用户行为和偏好的分析，为用户提供个性化的智能家居体验；此外，他们还将智能家居系统与其他智能设备和互联网服务进行整合，实现智能家居系统与用户、设备和服务之间的互联互通。通过这些举措，该公司的智能家居系统具有较高的前瞻性，能够满足未来智能家居市场的需求，并保持竞争优势和持续发展的能力。

（3）创新性思考分析

创新性思考在评估学生的创新能力和项目的独特性上具有至关重要的作用。它反映了学生在面对问题和挑战时的思维方式和创新理念，是创新项目成功与否的关键因素之一。创新性思考评估不仅关注学生是否能够提出新颖的解决方案，还包括对问题的重新诠释、创意的融合和跨界思维等方面。

第一，创新性思考评估需要考查学生在项目中的思维方式和创新理念。这包括学生是否能够打破常规思维模式，勇于挑战现有观念和做法，以及是否具有开放、灵活和包容的思维态度。例如，一位学生在解决一个实际问题时，是否能够超越传统思维模式，尝试从不同的角度和领域寻找解决方案，展现出跨学科和跨界的创新思维。

第二，创新性思考评估还需要关注学生在问题解决过程中的创新方法和策略。这包括学生是否能够灵活运用各种工具和技术，创造性地解决问题，并且是否能够在解决问题的过程中发现和利用意想不到的机会和资源。例如，一位学生在解决一个复杂问题时，是否能够灵活运用系统思维、设计思维和创客精神，通过多种途径和方法找到最优解决方案。

第三，创新性思考评估还需要考查学生对现有问题的重新诠释和理解。这包括学生是否能够对问题进行深入的分析和理解，发现其中的潜在矛盾和局限性，并提出全新的视角和解决方案。例如，一位学生在面对一个看似普通的问题时，是否能够通过系统性的思考和分析，揭示出问题背后的深层次原因，并提出独到的解决方案。

2. 实用性评估

（1）实际问题解决能力分析

实用性评估是对创新项目进行的重要考量，它直接关系到项目的实际应用和社会影响。在评估项目的实用性时，第一需要考察项目所解决的问题或满足的需求是否真实存在，并且具有一定的紧迫性和重要性。这意味着项目所针对的问题必须是社会、行业或个体在现实生活中确实遇到的，而不是虚构或假设的问题。例如，一个针对环境污染治理的创新项目只有在当地存在严重的环境污染问题，并且对当地居民的生活和健康产生严重影响时，才具有实际的应用场景和意义。

第二，实用性评估还需要考察项目提出的解决方案是否具有实际的可行性和可操作性。这包括项目的技术可行性、经济可行性、资源可行性等方面。例如，一个针对解决交通拥堵问题的创新项目提出了一种全新的交通管理系统，但如果该系统的技术实现需要大量的资金和技术支持，并且在实际操作中存在较大的困难和障碍，那么其可行性就会受到质疑。

第三，实用性评估还需要考察项目的实际应用场景和效果。这包括项目在实际应用中所能产生的效益和影响，以及其对社会、行业或个体的价值和意义。例如，一个针对农村地区水资源管理的创新项目提出了一种简单易行的水资源管理方案，经过实际应用后，能够显著提高农村地区的水资源利用效率，改善农民的生活条件，那么该项目就具有较高的实用性和社会价值。

（2）市场潜力评估

市场潜力评估在实用性评估中扮演着关键的角色，它直接关系到项目的商业化前景和长期发展。评估项目的市场潜力需要从多个方面进行分析，包括市场需求、竞争环境、商业模式等因素。

第一，市场需求是评估市场潜力的重要依据之一。项目所针对的问题或需求是否具有广泛的市场需求，以及是否存在足够的用户群体和潜在的消费者，这直接影响到项目的商业化前景。例如，随着人们对健康和环保意识的提高，市场上对于绿色环保产品的需求不断增加，因此，一个针对环保领域的创新项目可能具有较高的市场潜力。

第二，竞争环境也是评估市场潜力的重要考量因素之一。项目所处的行业或市场竞争格局如何，是否存在激烈的竞争对手，以及项目的竞争优势和差异化定位等，都会直接影响到项目在市场上的表现和发展。例如，一个针对智能家居领域的创新项目，在面对已有的大型企业和成熟的产品市场时，如果能够提供独特的技术或服务，具备较强的竞争优势，那么其市场潜力就会较高。

第三，商业模式的设计和可行性也是评估市场潜力的重要因素之一。项目的商业模式是否能够有效地实现盈利和持续发展，是否能够吸引投资和获得资金支持，以及是否具有可扩展性和复制性等，都会直接影响到项目的商业化前景。例如，一个基于订阅模式的创新服务项目，如果能够吸引足够数量的用户并提供稳定的收入来源，那么其商业化前景就会较为乐观。

（3）专家评审和实地测试

专家评审和实地测试是评估项目实用性的重要手段，它们能够提供多维度、多角度的评价，从而更全面地了解项目的优势和不足，为项目的改进和优化提供有效的参考和指导。

一方面，专家评审是一种针对项目技术、市场、商业化等方面的专业评估。通过邀请相关领域的专家或企业代表，可以获取权威的专业意见和建议。专家评审可以从技术创新、市场前景、商业模式等方面对项目进行深入分析和评估，帮助发现项目存在的问题和不足之处，并提出改进建议。例如，对于一项新型医疗设备的创新项目，可以邀请医学专家、工程师和市场营销专家等组成评审团队，从不同角度对项目进行评估，提供全面的反馈意见。

另一方面，实地测试是一种在实际环境中对项目进行验证和试用的评估方法。通过在真实的使用场景中进行测试，可以获取用户的真实反馈和体验，从而更直观地了解项目的实际效果和使用体验。实地测试可以帮助发现项目在实际应用中可能存在的问题和挑战，为项目的改进和优化提供实践基础。例如，对于一款新型智能家居产品的创新项目，可以将其安装在实际家庭中进行测试，并邀请用户使用并提供反馈意见，从而评估产品的易用性、稳定性和功能性等方面的表现。

3. 影响力评估

（1）社会影响分析

社会影响分析是评估项目实际价值和可持续发展性的重要环节，它能够反映项目对社会的贡献和影响程度，从而更全面地评估项目的成功度和可持续性。

第一，项目的社会效益是评估其社会影响的重要指标之一。社会效益指项目对社会生活、环境、文化等方面产生的积极影响，包括但不限于提高生活品质、促进社会公平、提高环境质量等。例如，一项致力于解决社会公共卫生问题的创新项目，通过推广健康知识、提供医疗服务等方式，可以有效提高社会公众的健康状况，提高整体生活质量，从而产生显著的社会效益。

第二，项目的社会认可度也是评估其社会影响的重要考量因素。社会认可度反映了社会对项目的认可程度和支持程度，是项目在社会中获得认可和接受的重要体现。例如，一项以绿色环保为理念的创新项目，在社会中得到广泛的支持和认可，不仅能够提升企业形象，还能够推动整个社会向环保、可持续发展方向迈进，具有较高的社会认可度。

第三，项目的社会影响力是评估其社会影响的综合指标。社会影响力体现了项目对社会产生的深远、持久的影响，包括项目的影响范围、影响深度和持续性等方面。例如，一项针对儿童教育的创新项目，通过提供优质教育资源和改善教育环境，不仅可以提升儿童的学习水平，还能够促进社会整体的教育水平和文化素质的提升，具有较高的社会影响力。

（2）行业影响评估

行业影响评估是对项目在特定行业或领域中的影响程度和贡献度进行综合评价的过程。这一评估能够揭示项目对行业发展的推动作用、技术创新和颠覆性影响等方面，对于评估项目的重要性和价值提供了重要参考。

第一，项目的行业领导地位是评估其行业影响的重要因素之一。一些创新项目能够成为行业的领军者，引领着整个行业的发展方向和趋势。

第二，项目的技术创新和标准制定能力也是评估其行业影响的重要指标。一些创新项目能够推动行业技术的进步，引领新的技术潮流，并在技术标准的制定和推广方面发挥重要作用。

第三，项目对行业生态系统的影响也是评估其行业影响的重要考量因素。一些创新项目能够打破传统行业的壁垒，重新定义行业的生态格局，推动行业的整体发展和变革。例如，谷歌公司的搜索引擎技术对互联网行业产生了深远的影响，改变了信息检索的方式，推动了互联网信息的普及和共享，对整个互联网行业产生了重大影响。

（3）持续性评估

持续性评估是对项目长期影响和可持续发展能力进行综合评价的过程。这一评估旨在考察项目在未来是否能够持续产生价值、持续影响社会或行业发展，以及其对可持续发展目标的贡献程度。

第一，项目的长期影响力是持续性评估的关键考量因素之一。一些创新项目具有长期影响力，能够在未来持续产生积极的社会或经济效益。例如，电动汽车技术的创新在汽车行业中具有长期的影响力，能够持续减少对化石燃料的依赖，降低碳排放，推动整个汽车行业向可持续发展的方向发展。

第二，项目的可持续发展能力也是持续性评估的重要指标之一。一些创新项目具有良好的可持续发展能力，能够在未来持续发展并适应不断变化的环境。例如，可再生能源技术的创新在能源行业中具有较高的可持续发展能力，能够不断提高能源利用效率，减少能源消耗和环境污染，推动能源行业向可持续发展的方向迈进。

第三，项目对可持续发展目标的贡献程度也是持续性评估的重要考量因素。一些创新项目能够直接或间接地促进可持续发展目标的实现。例如，社会企业的创新模式在解决社会问题和促进可持续发展方面发挥了重要作用，能够持续推动社会的公平和稳定发展。

（二）创新能力测评工具

1.创新能力问卷调查

（1）问卷设计

问卷设计（附录二）是评估学生创新能力的重要环节，其设计质量直接影响着评估结果的准确性和可靠性。在设计创新能力问卷时，需要综合考虑多个方面，确保问题具有针对性、综合性和有效性。

第一，问卷设计需要充分考虑创新能力的多个方面。创新能力不仅包括创新意识，还涉及问题解决能力、团队协作能力、沟通能力等多个维度。因此，在设计问卷时，需要涵盖这些方面，以全面评估学生的创新能力水平。

第二，问卷设计需要确保问题具有针对性和有效性。问卷中的问题应该能够准确反映学生的创新能力水平，并具有区分度。为了确保问题的针对性，可以参考相关的理论模型或评估工具，确保问题覆盖到创新能力的各个方面。

第三，问卷设计还需要考虑到问题的综合性。即使涉及多个方面的创新能力，也需要确保问卷设计合理，问题之间有逻辑关联，并且能够全面展现学生的创新能力水平。因此，在设计过程中需要综合考虑不同方面的问题，并确保问题之间的平衡和一致性。

第四，问卷设计可以采用多种形式，如选择题、填空题和描述题等。不同形式的问题能够从不同角度评估学生的创新能力，丰富评估内容，提高评估的准确性和可靠性。例如，选择题可以用于评估学生对创新概念和方法的理解程度，填空题可以用于评估学生的创新实践能力，而描述题则可以用于评估学生的创新思维和解决问题的能力。

（2）问卷调查实施

在进行问卷调查实施时，学校需要精心设计实施方案，以确保问卷的有效性和回收率。采取合适的实施方法和措施是确保问卷调查顺利进行的关键。

第一，选择合适的调查方式是至关重要的。学校可以根据实际情况选择在线平台或纸质形式向学生发放问卷。在线平台的方式具有便捷性和高效性的优势，可以大大简化问卷的分发和收集过程，同时节省时间和资源。而纸质形式的问卷则更适合一些特定场合，例如在课堂上分发问卷进行调查。

第二，需要设立合适的填写时间和截止日期。学校应该合理安排问卷填写时间，确保学生有足够的时间填写问卷，同时避免过长的填写周期影响调查进度。设立明确的截止日期可以提高学生的填写积极性，促进问卷的及时回收。

第三，为了提高问卷回收率和有效性，可以采取一些措施来激励学生积极参与。例如，可以采用匿名填写的方式保护学生的隐私，让学生更愿意坦诚回答问题。此外，还可以设置奖励制度，例如抽奖活动或发放小礼品，作为填写问卷的奖励，从而激励学生积极参与问卷调查。

在实施过程中，学校还应该密切关注问卷的填写情况和回收进度，及时跟进并采取必要的措施，确保问卷调查的顺利进行。例如，可以定期向学生发送提醒邮件或通知，鼓励他们及时填写问卷。同时，也要做好问卷的数据管理和保密工作，确保问卷数据的安全性和完整性。

（3）数据分析与结果解读

完成问卷调查后，学校需要对收集到的数据进行仔细的统计分析和结果解读，以获取对学生创新能力水平的深入理解。数据分析和结果解读是评估学生创新能力的关键步骤，可以通过定量和定性分析方法深入挖掘数据背后的含义，为后续的改进和提升提供有力支持。

第一，通过定量分析方法对问卷数据进行统计分析是必不可少的。学校可以利用统计软件进行数据处理，计算各项指标的平均值、标准差、频数分布等统计量，以获取对学生创新能力水平的整体认识。例如，可以计算出学生在创新意识、问题解决能力、团队协作能力等方面的平均得分，从而了解学生在不同能力维度上的表现情况。

第二，定性分析可以帮助学校更深入地理解问卷数据背后的含义和意义。通过对开放式问题的内容进行归纳和总结，可以挖掘出学生在创新能力方面的优势和不足，以及存在的问题和需求。例如，通过分析学生对于创新项目的描述和观点，可以了解到学生在创新思维和实践能力方面的表现情况，为进一步改进教学提供参考。

第三，还可以采用相关性分析方法，探索不同因素之间的，联系和影响。例如，可以通过相关系数分析来研究学生创新能力与其学习成绩、课外活动参与程度等因素之间的关联性，以揭示影响学生创新能力的主要因素和机制。

第四，在结果解读阶段，学校需要对数据分析的结果进行综合评价，并提出相应的改进建议和措施。例如，针对学生在创新意识方面得分较低的情况，可以加强相关课程设置和教学方法，培养学生的创新思维能力；针对学生在团队协作能力方面存在不足的情况，可以推行团队项目学习，增强学生的团队合作意识和能力。

2. 案例分析和访谈

（1）案例分析设计

学校可以设计一系列具有代表性的创新项目案例，以案例分析的方式深入探讨学生参与项目的具体情况和背后的创新过程。这些案例可以涵盖不同领域和行业，包括科学技术、工程设计、社会服务等各个方面，以展示学生在不同领域展现的创新能力。

在进行案例分析时，第一需要对项目的背景进行介绍。这包括项目的起源、目的、所处的行业或领域背景等方面。通过对项目背景的介绍，可以让学生了解项目所面临的挑战和机遇，以及项目对社会或行业的意义和影响。

第二，需要对项目的创新思维过程进行详细分析。这包括项目团队如何发现问题、提出解决方案的过程，以及项目背后的创新理念和思维方式。通过分析创新思维过程，可以揭示学生在项目中展现出的创新能力和思维模式，为评估其创新能力提供参考依据。

第三，需要对项目的问题解决方案进行深入探讨。这包括项目团队如何针对问题进行分析、制定解决方案的过程，以及方案的实施和效果评估情况。通过分析问题解决方案，可以评估学生在实际问题解决能力方面的表现，以及他们的创新成果对实际问题的解决效果。

第四，需要对项目团队的协作方式和团队精神进行评价。这包括团队成员之间的合作方式、沟通方式、协调能力等方面。通过分析团队协作方式，可以评估学生在团队合作能力方面的表现，以及他们在团队中展现的领导力和协调能力。

（2）访谈实施

在进行案例分析时，学校可以采取访谈的方式，与相关人员进行深入交流和沟通，包括项目负责人、项目成员以及相关专家等。通过访谈，可以获取关于学生在项目中的具体表现和经验的详细信息，从而更全面地评估其创新能力的发展水平。

第一，访谈项目负责人可以帮助了解项目的整体情况和背景，包括项目的起源、目标、关键挑战以及取得的成果等。负责人通常能够提供对项目整体情况的把握和深入的理解，从而为评估学生在项目中的角色和贡献提供重要线索。

第二，与项目成员进行访谈可以了解他们在项目中的具体工作和参与情况。通过与项目成员的交流，可以了解他们在项目中承担的角色、所负责的任务以及面临的挑战和解决方案等。这有助于评估学生在团队合作、问题解决和创新思维等方面的表现。

同时，与相关专家进行访谈可以获取外部视角和专业意见，从而深入了解项目的专业性和创新性。专家通常能够提供对项目的专业评价和建议，帮助评估学生在项目中所展现的创新能力和专业水平。

在进行访谈时，需要设计合适的问题，并确保与被访谈者进行充分的沟通和交流，以获取真实有效的信息。访谈的结果应该进行详细记录和分析，以便进一步评估学生的创新能力并提出改进建议。

（3）数据分析与结果解读

在完成案例分析和访谈后，学校需要对收集到的数据进行归纳、总结和分析，以深入了解学生在创新能力方面的表现和发展情况。这一过程旨在发现学生的优

点和不足，并提出相应的改进建议，为其创新能力的进一步培养提供有效的指导。

第一，对案例分析和访谈的数据进行整理和归纳。学校应该将收集到的案例分析和访谈结果进行系统整理，梳理出学生在创新项目中所展现的各项能力和表现情况，包括创新思维、问题解决能力、团队合作等方面的优点和不足。

第二，对数据进行总结和分析。通过对数据的整体概括和分析，可以发现学生在创新能力方面的整体表现趋势和特点。例如，是否存在某些学生在特定方面表现突出，或者是否有一般性的共性问题需要解决。

第三，针对发现的优点和不足提出具体的改进建议。针对学生在创新能力方面的优点，可以提出进一步发展和巩固的建议，以帮助他们更好地发挥优势。而针对学生存在的不足之处，可以提出针对性的改进措施和培养计划，以促进其创新能力的全面提升。

第四，结合案例分析和访谈的结果，为学生的创新能力培养提供参考和指导。学校可以根据分析的结果，设计针对性的培养方案和教学方法，帮助学生充分发展其创新潜能，提高创新能力水平。

3. 评估工具标准化

（1）评估标准制定

评估标准的制定是评价学生创新能力的重要步骤之一，它直接影响到评估的全面性和准确性。学校在制定评估标准时，可以借鉴已有的创新能力评估工具，并根据实际情况进行调整和定制化，以确保评估的有效性和适用性。

第一，评估标准应该考虑到创新能力的多维度特点。创新能力包括创新意识、创新思维、问题解决能力、团队协作能力等多个方面。因此，评估标准需要覆盖这些方面，并确保各项指标的权重和重要性得到合理分配。

第二，评估标准应该考虑到创新能力的多层次特点。创新能力的发展是一个渐进的过程，涉及不同层次的能力提升。因此，评估标准应该设定不同层次的评价指标和评分等级，以便全面评估学生在不同阶段的创新能力水平。

评估标准的制定还需要考虑到评价方法的科学性和客观性。评价指标应该具有可量化和可操作性，以便评估者能够根据具体表现进行评价。同时，评分标准应该具有一定的标准化和统一性，以确保评估结果的可比性和可信度。

除此之外，评估标准的制定还需要考虑到评估的实际应用情况和场景。不同学科、不同项目可能需要针对性地设计评估标准，以适应不同情境下的评价需求。因此，评估标准应该具有一定的灵活性和可调整性，以应对不同情况下的评估需求。

（2）评估工具设计

评估工具的设计是评价学生创新能力的关键步骤之一，它直接决定了评估的准确性和有效性。根据制定好的评估标准，学校可以设计相应的评估工具，以全面评估学生的创新能力水平。

第一，评估工具应当包括评估问卷。问卷是收集学生信息和观点的常用工具，可以通过设计一系列问题来评估学生的创新能力。问卷内容应当覆盖评估标准中的各个方面，例如创新意识、问题解决能力、团队协作能力等。问题的设计应当具有针对性和综合性，既能全面了解学生的创新能力水平，又能够具体到各个方面，以便后续的数据分析和结果解读。

第二，评估工具还可以包括案例分析表。案例分析是深入了解学生在创新项目中的具体表现和经验的重要途径。案例分析表可以包括项目背景、创新思维过程、问题解决方案、团队协作方式等方面的内容。通过填写案例分析表，评估者可以全面了解学生在创新项目中的表现，从而更准确地评估其创新能力水平。

第三，评估工具还可以包括访谈指南。访谈是获取学生深层次信息的有效手段，可以通过设计一系列问题来引导访谈内容。访谈指南应当涵盖评估标准中的关键内容，既能够深入了解学生的创新思维和能力，又能够具体到项目中的实际情况。通过访谈，评估者可以与学生进行深入交流，了解其在创新项目中的具体经历和体会，从而更全面地评估其创新能力水平。

（3）评估工具应用

设计好的评估工具是评价学生创新能力的基础，其应用对于评估工作的准确性和有效性全关重要。学校在应用评估工具时，应该遵循一系列操作步骤，以确保评估过程的科学性和客观性。

第一，学校需要确保评估工具的合理性和适用性。评估工具应当符合制定好的评估标准，并且能够全面、准确地评估学生的创新能力。在应用评估工具之前，评估者应该对工具的内容和使用方法进行充分了解和培训，以确保评估工作的顺利进行。

第二，评估者需要严格按照评估工具的要求进行操作。在进行评估时，评估者应当认真阅读评估工具中的指导说明，并按照要求进行评分或记录。评估者应当保持客观和公正的态度，不受主观因素影响，对学生的表现进行客观、准确的评价。

第三，评估者在应用评估工具时，还应该注重与学生的沟通和交流。在填写问卷、进行案例分析或进行访谈时，评估者应该与学生保持良好的沟通，了解其观点、经历和想法。通过与学生的交流，评估者可以更深入地了解学生的创新能力水平，从而更准确地进行评估。

第四，学校还应该根据评估结果对评估工具进行修订和完善。在评估结束后，学校可以对评估工具进行回顾和总结，分析评估结果的有效性和准确性，并根据反馈意见对评估工具进行修订和改进。通过不断地完善评估工具，学校可以提高评估工作的科学性和有效性，为学生的创新能力培养和提升提供更好的支持和指导。

第二节　应用型人才培养创新策略的持续优化

一、应用型高校实践教学评价体系的现状分析

（一）实践教学评价体系重视程度不足

实践教学在高等教育中扮演着至关重要的角色，它不仅是理论学习的补充，更是培养学生实践能力和应用技能的重要途径。然而，尽管实践教学在课程设置中占据着重要地位，但实践教学评价体系的重视程度却存在一系列问题，影响了教学效果和学生的学习积极性。

一方面，实践教学评价体系的不足主要表现在对学生的评价上。学生在实验或实践课程中存在想要蒙混过去的心理，这部分原因可能与评价方式不够严格、评价标准不够明确有关。缺乏严格的评价制度导致学生对实践教学缺乏足够的重视，以及对课程内容和实验技能的真正掌握程度缺乏自觉性。

另一方面，传统的实践教学评价模式存在着一定的局限性。这些模式往往缺乏科学的指导思想和规律可循，评价体系不够完善。一些评价体系缺乏明确的标准和指导，评价过程中存在较大的主观性和不确定性，这导致了评价结果的不公正和不准确。学生难以清晰地了解自己的学习目标，也难以准确评估自己的实践能力和技能水平。

（二）考核方式单一

现行的实践教学评价体系在考核方式上存在着明显的单一性，这一问题的出现在一定程度上影响了实践教学的质量和效果。根据问卷调查和实地调查的结果显示，课内实践教学仍然主要采用传统的闭卷考试方式，而只有少数集中实践课程会使用其他形式的考核方式，如提交调查报告、论文、小组成果或实践报告等。这种单一的考核方式在一定程度上反映了当前实践教学评价体系的局限性和不足之处。

第一，采用传统的闭卷考试作为主要的课内实践考核方式存在较大的局限性。实践教学的核心目标是培养学生的实践能力和创新思维，而传统的闭卷考试主要评价学生对理论知识的掌握程度，无法全面评价学生的实践能力和综合素质。这导致了在实践操作和互动性较强的课程中，无法真正检验学生的实践能力和综合素质，使得评价结果与实际表现存在一定的脱节。

第二，课内实践教学采用"平时成绩40%+期末考试60%"的考核方式缺乏针对性和灵活性。这种固定的考核比例没有考虑到实践教学的多样性和学生的个性化需求，无法有效地反映学生在实践过程中的表现和成长。而且，过分依赖期末考试成绩容易造成学生的临时抱佛脚行为，而忽视了实践教学的积极性和主动性。动的课程，只采用书面考试的方式进行评价，无法真正检验出学生的实践能力和综合素质。

（三）考核内容和题型死板

经过实际调研发现，实践课程的考核内容和题型存在着明显的死板性和局限性。大部分实践课程的考核由该门课程的任课教师负责，而考题往往局限于所讲内容，缺乏多样性和创新性。这种死板的考核方式无法全面反映学生的实践能力和综合素质，严重影响了实践教学的质量和效果。

实践课程的考核内容和题型通常只注重某些特定技能的考核，而忽视了学生在实践过程中的创造力、思维能力和团队协作能力等方面的表现。这种单一性导致了学生的实践能力得不到充分的培养和展现，无法满足应用型人才培养的要求。特别是在民办应用型高校，尽管课程设置了实践学时，但教师仍然倾向于采用传统的理论教学和考核方式，重视理论知识传授，而对于实践能力和创新意识的培养关注不足。这导致了学生在实践教学过程中缺乏真正的参与感和主体性，实践教学难以做到以学生为主的原则。

（四）评价主体单一

在应用型本科院校，尤其是新开设的专业中，教师团队尚未形成完整，这导致了课程考核评价主体相对单一的现象。通常情况下，课程考核的评价由该门课程的任课教师负责，这种单一评价主体可能存在一些问题。首先，个人偏见和主观性可能会影响评价结果的客观性。教师对学生的评价往往受到个人情感、偏见等因素的影响，从而导致评价结果不够客观。其次，评价范围相对较窄，无法全面反映实践教学的各个方面。由于只有教师进行评价，无法充分了解学生的团队协作能力和创新能力等方面，评价结果可能不够全面。此外，由于缺乏监督和复审机制，单一评价主体可能会导致评价错误或偏差的情况。因此，需要在应用型本科院校建立起更加完善的教师团队，同时引入多元化的评价主体，加强评价结果的监督和复审，以确保评价的客观性和准确性，促进学生的全面发展和素质提升。

（五）考核重理论轻实践能力

在实践教学评价体系中，对理论知识的重视超过了对实践能力的考量，这是一个普遍存在的问题。很多教育机构过于偏重理论知识的测试，而对实践技能的考核相对较少。这种情况下，学生可能只需要死记硬背理论知识，而不需要真正掌握并运用这些知识来解决实际问题。这会导致学生的学习变得枯燥乏味，缺乏对所学知识的深入理解和实际运用能力。

例如，许多课程的考核方式仅仅限于闭卷考试，这种考试形式主要测试学生对书本知识的记忆和理解，而忽略了学生在实际应用中的能力。即便在某些集中实践课程中，学生需要提交实践报告作为考核方式，但如果这些实践报告仅仅停留在形式上，而缺乏对学生实际操作能力和创新能力的真实考察，那么这种实践考核也只是流于形式，无法真正起到提升学生实践能力的作用。

而在一些应用型高校中，由于对实践教学的投入不足，导致实践考核难以有效落地。教师们可能更倾向于将时间和精力投入到理论教学中，而忽视了实践教学的重要性。结果，学生们缺乏实践经验和技能，无法在真实场景中应用所学知识，这对他们未来的职业发展和实际工作能力造成了阻碍。

二、应用型高校实践教学评价体系存在的问题分析

（一）实践教学评价体系难以量化指标

1. 复杂性难以量化

实践教学的复杂性使得其效果很难简单地用数字或指标来量化。在实践教学中，学生需要展现的能力不仅仅是单一的实际操作水平，还包括创新能力、团队合作能力等多个方面。因此，仅仅依靠数量化的指标难以全面准确地评价学生在实践过程中的表现和能力。

例如，一门实践课程可能要求学生完成一个复杂的项目，这个项目涉及多个方面的能力。首先，学生需要具备扎实的理论基础，能够将理论知识应用到实践中去。其次，学生需要具备良好的实际操作能力，能够熟练地运用工具和技术进行实验或操作。此外，学生还需要具备创新意识和创造力，能够在实践过程中提出新的想法和解决方案。同时，团队合作能力也至关重要，学生需要能够有效地与团队成员合作，共同完成项目任务。

2. 评价方式的多样性

实践教学的评价方式应当具有多样性，以适应不同实践环节和实践内容的特点。多样性的评价方式可以更全面地反映学生在实践过程中的表现和能力，促进他们的综合发展。

第一，考试是一种常见的评价方式，但并不适用于所有实践环节。在某些需要测试学生理论知识掌握程度的实践课程中，可以通过闭卷考试或开卷考试来评价学生对相关理论的理解和应用能力。然而，对于更强调实践操作和能力培养的课程，单一的考试评价方式可能并不足够。

第二，实验报告是评价学生实验操作能力和数据处理能力的重要方式。学生通过书面报告记录实验过程、观察结果和数据分析，可以展现其对实验原理和方法的理解程度，以及实验操作的熟练程度和数据处理的能力。

第三，实习报告也是评价学生实践能力的重要方式之一。实习报告通常由学生在实习结束后书面撰写，内容涵盖实习过程中的所见所闻、所学所悟，以及对实习单位或工作环境的评价和建议。通过实习报告，可以评价学生在真实工作环境中的适应能力、沟通能力和问题解决能力。

第四,项目报告和作品展示是评价学生团队合作能力和创新能力的重要方式。学生通过参与项目并撰写项目报告，展现团队协作、问题解决和创新能力；而作

品展示则可以直观地展示学生的创作成果和创新成果，以及团队合作的效果。

3. 评价标准的明确性

为了确保实践教学评价的科学性和客观性，必须制定明确的评价标准。这些标准应当具有可操作性和可衡量性，能够准确地反映学生在实践过程中的表现情况。

第一，针对不同实践环节和实践内容，需要明确具体的评价指标和评分标准。例如，针对实验操作能力的评价，可以设立具体的操作技能指标，包括仪器使用、实验步骤操作、数据记录与处理等方面的要求，然后根据学生的表现情况给予相应的评分。对于创新能力的评价，可以设立创意性、解决问题能力等方面的评价指标，如创新思维的独特性、解决问题的方法与效果等，以明确学生在创新方面的表现。

第二，评价标准应当具有可操作性，即评价者能够根据标准清晰地判断学生的表现。这需要评价标准具有明确的描述和具体的行为表现要求，避免主观性和模糊性。评价标准的明确性有助于评价者在评价过程中减少主观偏见，提高评价的客观性。

第三，评价标准应当具有可衡量性，即能够通过具体的指标和标准对学生的表现进行量化和比较。这有助于评价者对学生表现的差异性进行分析和判断，从而更准确地评价学生的实践能力和综合素质。

4. 加强反馈机制

加强实践教学评价体系中的反馈机制至关重要，以便及时了解学生的学习情况和实践能力水平，并促进教学质量的持续改进。

第一，定期的评价和反馈能够为教师和学校管理者提供及时的信息反馈。通过学生和教师的反馈意见，可以了解到实践教学中存在的问题和不足之处，以及学生对教学内容和方法的认可程度。这有助于教师及时调整教学策略和方法，优化教学过程，提升教学效果。

第二，建立实践教学反馈小组或委员会是一种有效的方式。这样的小组可以定期收集学生和教师的反馈意见，对实践课程的教学内容、教学方法、实验设施等方面进行全面评估，并提出改进建议。通过集体讨论和专家意见，可以更加客观地评价教学质量，并提出改进措施，以满足学生的学习需求和实践能力的培养要求。

第三，建立在线反馈平台也是一种便捷有效的方式。学生和教师可以通过在线平台随时提交反馈意见和建议，包括对课程内容、教学方法、实验设施等方面的评价，以及对实践教学体验的感受和建议。这种方式能够实现信息的快速传递和沟通，为教学质量的持续改进提供及时的反馈机制。

（二）实践教学评价体系不受重视，学分设置不合理

1. 单一评价主体

目前，应用型高校的实践教学评价体系普遍存在着单一评价主体的问题。通常情况下，该门课程的任课教师被赋予了评价学生实践能力的任务，而其他评价主体的参与程度相对较低，导致评价结果可能受到个人偏见和主观性的影响，缺乏客观性和公正性。

这种单一评价主体的现象在实践教学评价中尤为突出。由于评价主体主要由课程的任课教师担当，评价结果容易受到其个人观点、偏见和经验的影响。教师可能会更倾向于评价符合其教学风格和理念的学生表现，而对于与其观点相悖或者不符合预期的表现可能会存在一定程度的偏见。这种情况下，评价结果的客观性和公正性受到了威胁，可能无法准确地反映学生的实践能力和表现水平。

此外，单一评价主体也会限制了评价过程中的多样性和全面性。如果只有课程的任课教师参与评价，那么评价的视角和侧重点可能会局限于教师个人的理解和经验范围内，无法充分考虑到学生在不同环境下的表现和发展。这就限制了评价结果的全面性和准确性，可能导致评价结果的片面性和不公正性。

2. 学分设置不合理

实践教学在学分设置上的不合理性是应用型高校实践教学评价体系中的一个突出问题。这一问题导致了实践教学在课程设置和学分分配上的不足，从而影响了学生的实践能力培养和综合素质的提升。

第一，很多实践课程的学时分配相对不足，与理论课程相比，实践课程的学时往往较少。这种不平衡的学时分配导致了实践教学在学校课程体系中的地位不够重视，实践能力的培养得不到充分的重视和支持。学生在实践环节的时间不足，无法充分参与到实践活动中，从而影响了他们实践能力的培养和发展。

第二，实践教学与理论教学的比例不平衡也是导致学分设置不合理的原因之一。在一些专业中，理论课程的比重过大，而实践课程的比重较低。这种不平衡的比例使得学生在课堂上接触到的更多是理论知识，而实践教学的机会相对较少，

无法满足学生实践能力培养的需要。

第三,一些实践课程的设置过于零散,缺乏系统性和连贯性。实践教学应该是一个渐进式的过程,从基础到深入,但是一些实践课程的设置却显得零散和随意,缺乏组织性和连贯性。这使得学生在实践过程中缺乏系统性的学习和训练,难以形成完整的实践能力。

3. 重理论轻实践

在当前应用型高校的实践教学评价体系中,存在着重理论轻实践的倾向。这种倾向表现为学校和教师更加偏向于将教学时间和精力投入到理论教学中,而对实践教学的重要性缺乏足够的认识和重视。这一现象导致了学生在实践能力和创新能力方面的培养不足,影响了他们未来职业发展的适应性。

第一,学校和教师普遍将更多的时间和资源投入到理论课程的教学中。由于理论课程相对更容易管理和传授,教师可能更倾向于进行理论知识的传授和讲解,而对实践教学的设计和实施投入较少。这种重理论轻实践的倾向导致了实践教学的地位不够突出,实践能力的培养得不到应有的重视。

第二,一些教师可能缺乏对实践教学的认识和理解,认为理论教学更容易被学生接受和掌握,因此更倾向于进行理论课程的教学。这种认知上的偏差导致了实践教学在课程设置和教学安排上的不足,使得学生缺乏实践能力的培养机会,难以应对未来职业发展中的实际挑战。

第三,实践教学往往需要更多的资源和条件支持,包括实验室设施、实践场地、实践指导等方面的支持。但是在一些学校中,由于资源有限或管理上的问题,实践教学的条件和环境并不理想,这进一步加剧了重理论轻实践的现象。

4. 实践课程设置不足

目前,在我国的应用型高校中,实践课程设置存在着不足的问题,这限制了学生的全面发展和实践能力的培养。实践课程在学生的职业发展和实践能力培养中具有重要意义,但是现实中的设置却未能达到理想状态。

第一,实践课程的种类相对较少,涵盖的领域和专业有限。很多学校的实践课程设置主要集中在某些传统的领域,例如工程技术、医学护理等,而对于其他领域的实践课程设置相对较少。这导致了学生在不同领域的实践经验和技能培养不足,无法全面发展自己的能力。

第二,实践课程设置缺乏灵活性和多样性。实践课程的设置往往受到课程设置、教师资源等方面的限制，缺乏对学生个性化学习需求的充分考虑。一些学校可能过于注重传统的实践课程设置，而忽视了新兴领域和跨学科实践课程的设置，导致了实践课程的单一化和僵化。

第三，实践课程设置的不足也反映了一些学校在实践教育理念上的滞后。一些学校可能过于注重理论知识的传授，而忽视了实践能力的培养，导致实践课程设置的不足。这使得学生在校期间缺乏足够的实践经验和技能，难以应对未来职业发展的挑战。

三、反馈机制的建立

（一）定期评估和反馈机制

1.建立定期评估机制

（1）明确评估周期

学校应明确评估周期，确保对教学活动和创新项目的开展进行定期评估。这可以通过每学期或每学年末进行一次全面的评估来实现。评估周期的设立有助于及时发现存在的问题，并及时采取措施进行改进。

（2）综合评估内容

评估内容应该全面涵盖教学活动和创新项目的各个方面。除了课程设置和教学方法外，还应该评估学生参与情况、项目成果等多个方面。这有助于全面了解教学和创新活动的效果，并为后续改进提供依据。

（3）采用多种评估手段

在评估过程中，可以采用多种评估手段，如问卷调查、访谈、观察等。不同的评估手段可以从不同角度获取信息，有助于提高评估的准确性和可信度。

2.多方反馈意见

（1）学生反馈意见

学校应积极征集学生的反馈意见，了解他们对教学活动和创新项目的看法和建议。可以通过组织学生满意度调查、开展座谈会等方式收集学生反馈，从而发现问题和改进空间。

（2）教师反馈意见

教师是教学和创新活动的主要组织者和参与者，他们的反馈意见也至关重要。学校可以通过教学反思、教学评估等方式征集教师的反馈意见，了解他们对教学和创新活动的感受和看法。

（3）企业反馈意见

如果学校有与企业合作的创新项目，那么企业的反馈意见也是非常重要的。学校可以通过定期会议、项目评估等方式征集企业的反馈意见，了解他们对项目效果和学生表现的评价，从而及时调整项目方向和改进教学内容。

（二）建立专门的反馈平台

1.建立反馈平台

（1）在线平台建设

学校可以建立一个专门的在线平台，以供学生、教师、企业等相关方提供反馈意见。这个平台可以是一个专门设计的网站或者是一个内部系统，在线论坛、反馈表单系统或专门的邮箱地址都是可行的选择。关键是确保平台的易用性和便捷性，使得用户可以方便地进行反馈。

（2）简化操作流程

反馈平台的设计应简单易用，操作流程清晰明了。用户应该能够快速找到提交反馈意见的入口，并能够简单地填写反馈内容。采用直观的界面设计和简化的操作流程，可以降低用户的使用门槛，提高反馈的积极性。

2.快速沟通和信息传递

（1）实时交流机制

建立反馈平台有助于实现实时的沟通和信息传递。学校可以通过平台向学生、教师、企业等发送通知和提醒，也可以在平台上及时回复和处理反馈意见。这种实时的交流机制有助于及时解决问题，提高教学和创新活动的效率。

（2）及时处理反馈

学校管理部门应该及时处理平台上收到的反馈意见，作出相应的回应和处理。对于重要问题和紧急情况，应该设立专门的处理机制和责任人，确保反馈意见能够得到及时妥善的处理。这样可以增强用户对反馈平台的信任度，提高用户的满意度和参与度。

四、经验总结与改进方向

（一）项目经验总结会议

1.定期组织会议

（1）会议周期安排

学校应该设立明确的会议周期，例如每学期末或每年末举行一次项目经验总结会议。这样可以确保项目经验得到及时总结，并为下一阶段的改进提供方向。

（2）会议召开流程

在确定会议时间后，学校应该制定会议召开的流程和议程。包括确定参会人员、准备会议材料、安排会议场地等。这样可以确保会议顺利进行，提高会议效率。

2.邀请相关参与者

（1）教师参与

邀请负责指导创新项目的教师参加会议，他们能够提供项目执行过程中的教学指导和管理经验，以及对项目成果的评价。

（2）学生参与

同样重要的是邀请参与创新项目的学生参加会议。他们能够分享项目实施过程中的体会和感受，提出项目改进的建议，并分享项目成果的收获。

（3）企业代表参与

如果创新项目涉及与企业的合作，那么邀请企业代表参加会议也是必要的。他们能够提供企业的需求和反馈，帮助学校更好地理解项目的实际应用和市场需求。

3.交流分享经验

（1）项目设计与执行

会议上应该重点讨论项目的设计和执行过程。包括项目目标的设定、执行计划的制定、资源的调配等方面。参会者可以分享各自的经验和教训，为其他项目提供借鉴和启示。

（2）成果与收获

除了项目执行过程，还应该重点分享项目的成果和收获。包括取得的成就、解决的问题、创新的思路等方面。这些分享可以激发其他参会者的创新灵感，推动更多优秀项目的出现。

4.发现问题和改进方向

（1）问题诊断与分析

通过会议的讨论和总结，应该针对项目中存在的问题进行诊断和分析。明确问题的根源和影响，为后续的改进提供依据。

（2）制定改进计划

根据诊断结果，学校应该制定相应的改进计划。包括优化项目管理流程、加强团队合作、完善资源配置等方面。并明确责任人和时间节点，确保改进措施的落实和执行。

（二）开展案例研究和跨界交流

1.跨学科的案例研究

（1）案例范围设定

学校在开展跨学科的案例研究时，应该明确案例的范围和涵盖的领域。这包括但不限于科学技术、工程、医学、社会科学等各个学科领域的创新项目。

（2）案例选择标准

在选择案例时，学校应该根据创新项目的代表性、影响力和可借鉴性进行筛选。优先选择那些在相应领域取得重要成就和影响的案例，以提高研究的有效性和实用性。

2.邀请专家学者和企业代表

（1）专家学者邀请

学校可以邀请来自不同学科领域的专家学者参与案例研究活动。他们能够提供学术视角和深度分析，为案例研究的开展提供理论支持和指导。

（2）企业代表邀请

同时，学校也应该邀请相关企业的代表参与案例研究。他们能够提供实践经验和市场视角，帮助学校更好地理解创新项目的商业化路径和市场应用。

3.借鉴成功经验和创新做法

（1）案例分析与总结

在案例研究活动中，学校应该深入分析和总结各个案例的成功经验和创新做法。包括项目的背景、目标、关键技术、市场定位等方面的情况，以及项目取得的成就和影响。

（2）借鉴经验与启示

学校应该从案例研究中汲取经验和启示，为自身的创新活动提供参考和指导。可以针对项目管理、团队协作、技术应用等方面提出改进建议，以提升学校的创新能力和竞争力。

参考文献

[1] 苏留明.课程思政视域下应用型本科人才培养策略研究 [J].科学咨询，2022（3）：112-114.

[2] 高凯丽，王晶晶，陆旸.面向应用型本科人才培养的管理会计课程改革研究 [J].商业会计，2021（20）：109-112.

[3] 张爱卿，李金云，谌勇，等.应用型本科人才培养新路径研究 [J].安徽建筑，2021，28（11）：105-106.

[4] 卢家锋，唐静.地方应用型本科人才培养模式完善策略 [J].梧州学院学报，2021，31（3）：91-95.

[5] 严丽纯，陈循军，黄云超，等.校企产学研合作促进应用型本科人才培养的探索与实践 [J].高教学刊，2022，8（9）：139-142.

[6] 齐先文，杨帆.基于 OBE 理念的应用型本科人才能力结构探析 [J].池州学院学报，2021，35（1）：128-131.

[7] 侯丽华.基于 TRIZ 创新方法的应用型本科人才培养研究 [J].中国科技投资，2021（10）：58+72.

[8] 张娜，董岩，刘海龙，等.STEM 教育理念融于应用型本科人才培养路径分析 [J].散文百家，2021（36）：219-220.

[9] 刘璐.地方应用型高校实践教学创新管理研究 [J].现代交际，2021（16）：190-192.

[10] 刘丹晨，茅炜炜，沈俊宏.德国应用技术大学实践教学模式探究 [J].中国电力教育，2019（8）：75-76.

[11] 钱英红.德国应用技术大学教师建设的特点及启示 [J].太原城市职业技术学院学报，2019（3）：57-60.

[12] 涂宝军，丁三青，季晶晶，等.德国应用技术大学校企合作机制及其启示 [J].江苏高教，2018（4）：104-107.

[13] 章正样 . 德国应用技术大学办学模式的启示：以不莱梅应用技术大学为例 [J]. 福建工程学院学报，2017，15（2）：157-161.

[14] 杨惠茹 . 应用技术型高校专业教师队伍建设路径：基于德国经验的思考 [J]. 江苏教育研究，2019（3）：16-20.

[15] 王悠，朱煜尔，王欣 . OBE 理念引导下的应用型高校大学生创新创业能力培养路径探究 [J]. 科技风，2022（22）：50-52.

[16] 郑堃，顾新艳，赵伟军 . 应用型高校大学生科创实践能力提高的探究与实践 [J]. 科技视界，2021（35）：159-161.

[17] 齐美丽 . 应用型高校材料专业大学生创新创业工作的思考 [J]. 中国科技经济新闻数据库教育，2023（5）：48-51.

[18] 涂云杰 . 应用型本科院校大学生创新创业能力培养研究：以服装电商为例 [J]. 西部皮革，2023，45（7）：85-87.

[19] 李万军，王鑫，李佳，等 . 应用型本科高校大学生创新实践能力培养模式探索 [J]. 廊坊师范学院学报（自然科学版），2021，21（1）：117-119.